全国技能大赛——全国医药行业职业技能竞赛教材

"十四五"全国职业教育医药类规划教材

医药物流管理技术
综合实训

中国医药教育协会职业技术教育委员会　　组织编写

张晓军　王晓梅　主编
滕　晟　主审

U0359515

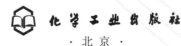

化学工业出版社

·北京·

内容简介

本书是"十四五"全国职业教育医药类规划教材，由中国医药教育协会职业技术教育委员会组织编写。本书是在"岗课赛证"一体化设计理念的指导下，围绕医药商品储运员岗位需求，对接《医药商品储运员国家职业技能标准》和工作过程，融合全国医药行业特有职业技能竞赛项目，选取医药商品储运职业活动中典型工作任务为案例背景，设计了涵盖医药商品储运全过程5个环节、11个任务、123个实训项目。配套纸质版教材设计了支撑实训项目需要的表单、图片、数据等特色数字化资源，学生可通过手机扫描书中二维码，利用提供的数字化资源，开展实践训练。

本教材是《医药物流管理技术》的配套教材，可以作为职业院校药学、药品经营与管理、药物制剂技术、食品药品监督管理等专业相关课程的实践教学用书，也可作为全国医药行业特有职业技能竞赛医药商品储运员工种指导书以及药品经营企业的技术规范和岗位培训用书。

图书在版编目（CIP）数据

医药物流管理技术综合实训/中国医药教育协会职业技术教育委员会组织编写；张晓军，王晓梅主编. —北京：化学工业出版社，2022.2 （2025.2重印）

全国技能大赛——全国医药行业职业技能竞赛教材

"十四五"全国职业教育医药类规划教材

ISBN 978-7-122-40511-1

Ⅰ.①医… Ⅱ.①中…②张…③王… Ⅲ.①医疗产品-物流管理-高等职业教育-教材 Ⅳ.①F763

中国版本图书馆 CIP 数据核字（2021）第 273025 号

责任编辑：张　蕾　陈燕杰　　　　　　加工编辑：何　芳
责任校对：边　涛　　　　　　　　　　装帧设计：张　辉

出版发行：化学工业出版社（北京市东城区青年湖南街 13 号　邮政编码 100011）
印　　装：河北延风印务有限公司
710mm×1000mm　1/16　印张 14　字数 242 千字
2025 年 2 月北京第 1 版第 4 次印刷

购书咨询：010-64518888　　　　　　　　售后服务：010-64518899
网　　址：http://www.cip.com.cn

定　　价：30.00 元　　　　　　　　　　　　版权所有　违者必究

中国医药教育协会职业技术教育委员会
全国医药行业特有职业技能竞赛教材建设委员会

刘建升　山东医药技师学院

李琼琼　上海驭风文化传播有限公司

沈　力　重庆三峡医药高等专科学校

张建宝　山东港通深度智能科技有限公司

张雪昀　湖南食品药品职业学院

张震云　山西药科职业学院

林素静　深圳职业技术学院

郝晶晶　北京卫生职业学院

黄　沐　汕头中医药技工学校

曹燕利　天津现代职业技术学院

崔福军　江苏省徐州医药高等职业学校

董建慧　杭州第一技师学院

韩宝来　河南应用技术职业学院

程　敏　四川省食品药品学校

谢海春　南京药育智能科技有限公司

管金发　杭州胡庆余堂国药号有限公司

本书编审人员

主　编：张晓军（杭州第一技师学院）

　　　　王晓梅（上海市医药学校）

副主编：何学志（江苏省医药商业协会）

　　　　刘碧林（重庆化工职业学院）

　　　　刘　岩（山东中医药高等专科学校）

编　委：尹　书（楚雄医药高等专科学校）

　　　　孔贞贞（泰山护理职业学院）

　　　　王芝春（济南护理职业学院）

　　　　王丽红（山东药品食品职业学院）

　　　　王丽梅（淄博职业学院）

　　　　王金林（深圳职业技术学院）

　　　　王晓梅（上海市医药学校）

　　　　王　蕾（山东省济宁卫生学校）

　　　　韦宏官（广西农业职业技术学院）

　　　　厉　欢（河南医药健康技师学院）

　　　　李　达（江苏食品药品职业技术学院）

　　　　刘　杨（成都铁路卫生学校）

　　　　刘　岩（山东中医药高等专科学校）

　　　　刘碧林（重庆化工职业学院）

　　　　吴伟东（深圳技师学院）

　　　　何　红（江西省医药技师学院）

何学志（江苏省医药商业协会）

何秋红（江苏省润天生化医药有限公司）

张立娟（长江职业学院）

张　华（四川省食品药品学校）

张晓军（杭州第一技师学院）

张颖梅（广东岭南职业技术学院）

张福玲（江苏省徐州医药高等职业学校）

孟　夏（邢台医学高等专科学校）

苗　方（菏泽医学专科学校）

欧阳小青（广东省食品药品职业技术学校）

孟慧明（辽宁医药职业学院）

姜云莉（山西药科职业学院）

姜素芳（浙江药科职业大学）

胡辰乾（苏州卫生职业技术学院）

高　洁（郑州铁路职业技术学院）

高慧丰（山东医药技师学院）

夏　梦（广西中医药大学附设中医学校）

覃　琳（广西科技大学附属卫生学校）

曹　璐（河北化工医药职业技术学院）

谭东明（江苏护理职业学院）

主　审：滕　晟　［国药集团先进（上海）医疗器械有限公司］

前　言

本教材是以《医药商品储运员国家职业技能标准》为依据，围绕医药物流管理，涉及收货入库、储存养护、复核出库、运输配送等方面职业活动，突出实用技能要求，开发综合实训技术实操和技术理论实训项目和任务。按照现代职业教育的要求，紧扣工种培养定位、突出技能养成、渗透工匠精神、源于生产实践，改革了教材体系；突出技能实用、理论够用，强化实践环节，面向医药物流企业工作一线，精选和更新内容；以符合职业教育特点，夯实基础、重视应用、突出创新，理论为实践服务；增加新技术、新设备和新方法，拓宽知识面，既保证必要的基本知识、基本理论，又注重职业技能和能力的培养，体现教材的科学性、先进性和实用性。

本教材主要内容基于职业技能标准、技能竞赛大纲，体现和满足医药商品储运员国家职业资格的要求，范围及深度与职业标准、全国行业职业技能大赛竞赛大纲相适应。教材突出以实践为导向；以工作任务来整合相应的知识、技能和态度，实现理论与实践的统一，专业能力和方法能力与社会能力培养的统一，有利于现代医药物流从业人员综合能力的提高；在内容编排方式上适应企业岗位的特点，有利于激发学习的积极性。通过对本教材的教学实训和测试应达到以下基本要求：掌握医学、药学和医药商品基础知识；掌握现代医药物流管理相关知识；增强现代医药物流技能；提高药品入库、药品储存养护、药品出库、药品配送运输等岗位技能操作水平。本书项目三案例中设计有需要学生核对的问题，请教师与学生在教学过程中加以注意。

本教材由张晓军、王晓梅担任主编，滕晟担任主审。张晓军、王丽红、苗方、姜素芳、姜云莉、曹璐、何红、何秋红参与技能操作部分药品入库和技术理论部分收货入库、医药学基础知识的编写；王晓梅、高洁、孟夏、夏梦、吴伟东、覃琳、张华参与技能操作部分运输与配送和技术理论部分运输配送、现代医药物流管理的编写；何学志、李达、孔贞贞、刘杨、王芝春、王蕾、厉欢、谭东明参与技能操作部分复核出库和技术理论部分复核出库、现代医药物流基础知识的编写；刘碧林、高慧丰、尹书、张福玲、王金林、张颖梅、欧阳小青参与技能操作部分培训与指导和技术理论部分培训指导、法律法规知识的编写；刘岩、韦宏官、张立娟、王丽梅、胡辰乾、孟慧明参与技能操作部分药品储存与养护和技术理论部分储存养护、职业道德与安全知识的编写。

由于编者水平与经验有限，书中疏漏之处在所难免，敬请读者批评指正。

编者

2022 年 1 月

上篇
技能操作

目录

下篇
技术理论

上篇

技能操作

项目一
药品入库

任务一　医药商品收货

技能目标

1. 能进行普通药品收货操作。
2. 能进行特殊管理药品收货操作。
3. 能进行冷链药品收货操作。
4. 能操作销售退回药品收货。
5. 能处理收货异常情况。

实训 1-1　普通药品收货案例 1

背景资料

现有一批药品从山东 XT 药业有限公司发往 CY 医药有限公司，2021 年 12 月 10 日到货，请根据 GSP 相关要求完成以下药品的收货检查。供货单位印章印模备案样式、药品采购记录、随货同行单、药品证明性文件等相关文件见材料准备。

材料准备（扫一扫）

印章印模备案样式见数字资源中图 1-1-1、随货同行单备案样式见图 1-1-2、采购记录见图 1-1-3、随货同行单见图 1-1-4、药品检验报告书见图 1-1-5 至图 1-1-8、到货实物见图 1-1-9 至图 1-1-12、收货记录表见图 1-1-13、拒收记录表见图 1-1-14、托盘见图 1-1-15、叉车见图 1-1-16。

操作步骤

步骤一　核查随货资料

1.索取随货同行单、药品证明性文件。

2.检查资料是否齐全，核对收货单位、收货地址等信息。

3.查验随货同行单与采购记录，核实是否是本单位采购的药品。

步骤二　检查运输工具和运输状况

1.检查车厢状况——是否为封闭式货车，运输工具内是否有被雨淋、腐蚀、污染等影响药品质量的现象。

2.检查运输时限——核对启运时间，检查是否符合采购订单约定的在途时限。

3.检查委托运输信息——到货药品为供货方委托运输的，检查运输方式、承运方式、承运单位等。

步骤三　卸货、检查外包装与核对药品实物

1.卸货过程中注意搬运和堆码药品应当严格按照外包装标示要求规范操作，堆码高度符合包装图示要求，避免损坏药品包装。

2.拆除运输防护包装，检查外包装是否完好，对出现破损、污染、标识不清等情况的药品，应该拒收。

3.核对随货同行单，检查药品品名、规格、批号、生产日期、有效期等信息是否正确。

步骤四　收货记录填写

1.将核对无误的药品置于相应的待验区，并在随货同行单上签字。

2.填写收货记录，移交验收人员。

3.对收货过程中出现异常现象的药品及时做出拒收处理，并填写拒收记录。

注意事项

1.随货同行单需要加盖供货单位出库专用章原印章，不能是复印件，随货同行单与出库专用章均需要与备案样式一致。

2.收货检查过程中，要严格按照规范要求，认真仔细核对单据与实物信息是否一致，按照实际到货情况在计算机系统中填写收货记录。

3.要具备严谨的工作态度，培养收货员拥有较强的责任心及职业观。

评价标准

按照《药品经营质量管理规范》及相关要求完整准确执行规定动作。

序号	评价内容	评价标准
1	核查随货资料	1. 索取随货同行单、药品检验报告书 2. 核对随货同行单内容是否正确 3. 核对随货同行单与采购记录
2	检查运输工具和运输状况	1. 检查车厢状况 2. 检查运输时限 3. 检查委托运输信息
3	卸货、检查外包装与核对药品实物	1. 卸货 2. 拆除运输防护包装 3. 检查外包装 4. 核对随货同行单与药品实物
4	收货记录填写	1. 转移至待验区，签收 2. 填写收货记录，与验收人员交接 3. 填写拒收记录

实训 1-1 普通药品收货案例 2

背景资料

　　现有一批药品从山西 RB 制药有限公司发往 KF 医药有限公司，2021 年 7 月 30 日到货，请根据 GSP 相关要求完成以下药品的收货检查。供货单位印章印模备案样式、药品采购记录、随货同行单、药品检验报告书等相关文件见材料准备。

材料准备（扫一扫）

　　印章印模备案样式见数字资源中图 1-1-17、随货同行单备案样式见图 1-1-18、采购记录见图 1-1-19、随货同行单见图 1-1-20 和图 1-1-21、药品检验报告书见图 1-1-22 至图 1-1-25、到货实物见图 1-1-26 至图 1-1-29、收货记录表见图 1-1-30、拒收记录表见图 1-1-31、托盘见图 1-1-15、叉车见图 1-1-16。

操作步骤

　　同案例 1。

注意事项

　　同案例 1。

评价标准

　　同案例 1。

实训 1-1　普通药品收货案例 3

背景资料

　　现有一批药品从珠海 YH 医药有限公司发往上海 JY 医药有限公司，2021 年 7 月 10 日到货，请根据 GSP 相关要求完成以下药品的收货检查。供货单位印章印模备案样式、药品采购记录、随货同行单、药品检验报告书等相关文件见材料准备。

材料准备（扫一扫）

　　印章印模备案样式见数字资源中图 1-1-32、随货同行单备案样式见图 1-1-33、采购记录见图 1-1-34、随货同行单见图 1-1-35 至图 1-1-37、药品检验报告书见图 1-1-38 至图 1-1-41、到货实物见图 1-1-42 至图 1-1-45、收货记录表见图 1-1-46、拒收记录表见图 1-1-47、托盘见图 1-1-15、叉车见图 1-1-16。

操作步骤

　　同案例 1。

注意事项

　　同案例 1。

评价标准

　　同案例 1。

实训 1-1　普通药品收货案例 4

背景资料

　　现有一批药品从南通 RC 药业有限公司发往 CL 医药有限公司，2021 年 7 月 10 日到货，请根据 GSP 相关要求完成以下药品的收货检查。供货单位印章印模备案样式、药品采购记录、随货同行单、药品检验报告书等相关文件见材料准备。

材料准备（扫一扫）

　　印章印模备案样式见数字资源中图 1-1-48、随货同行单备案样式见图 1-1-49、采购记录见图 1-1-50、随货同行单见图 1-1-51 至图 1-1-53、药品检验报告书见图 1-1-54 至图 1-1-57、到货实物见图 1-1-58 至图 1-1-61、收货记录表见图 1-1-62、拒收记录表见图 1-1-63、托盘见图 1-1-15、叉车见图 1-1-16。

操作步骤

同案例 1。

注意事项

同案例 1。

评价标准

同案例 1。

实训 1-1　普通药品收货案例 5

背景资料

现有一批药品从浙江 KX 医药有限公司发往 SH 医药有限公司，2021年 7 月 17 日到货，请根据 GSP 相关要求完成以下药品的收货检查。供货单位印章印模备案样式、药品采购记录、随货同行单、药品检验报告书等相关文件见材料准备。

材料准备（扫一扫）

印章印模备案样式见数字资源中图 1-1-64、随货同行单备案样式见图 1-1-65、采购记录见图 1-1-66、随货同行单见图 1-1-67 至图 1-1-69、药品检验报告书见图 1-1-70 至图 1-1-73、到货实物见图 1-1-74 至图 1-1-77、收货记录表见图 1-1-78、拒收记录表见图 1-1-79、托盘见图 1-1-15、叉车见图 1-1-16。

操作步骤

同案例 1。

注意事项

同案例 1。

评价标准

同案例 1。

实训 1-1　普通药品收货案例 6

背景资料

现有一批药品从成都 TD 医药有限公司发往成都 YG 医药有限公司，

2021 年 12 月 8 日到货，请根据 GSP 相关要求完成以下药品的收货检查。供货单位印章印模备案样式、药品采购记录、随货同行单、药品检验报告书等相关文件见材料准备。

材料准备（扫一扫）

印章印模备案样式见数字资源中图 1-1-80、随货同行单备案样式见图 1-1-81、采购记录见图 1-1-82、随货同行单见图 1-1-83 至图 1-1-85、药品检验报告书见图 1-1-86 至图 1-1-90、到货实物见图 1-1-91 至图 1-1-95、收货记录表见图 1-1-96、拒收记录表见图 1-1-97、托盘见图 1-1-15、叉车见图 1-1-16。

操作步骤

同案例 1。

注意事项

同案例 1。

评价标准

同案例 1。

实训 1-1　普通药品收货案例 7

背景资料

现有一批药品从上海 JY 制药有限公司发往 ZK 医药有限公司，2021 年 8 月 16 日到货，请根据 GSP 相关要求完成以下药品的收货检查。供货单位印章印模备案样式、药品采购记录、随货同行单、药品检验报告书等相关文件见材料准备。

材料准备（扫一扫）

印章印模备案样式见数字资源中图 1-1-98、随货同行单备案样式见图 1-1-99、采购记录见图 1-1-100、随货同行单见图 1-1-101 至图 1-1-103、药品检验报告书见图 1-1-104 至图 1-1-107、到货实物见图 1-1-108 至图 1-1-111、收货记录表见图 1-1-112、拒收记录表见图 1-1-113、托盘见图 1-1-15、叉车见图 1-1-16。

操作步骤

同案例 1。

同案例1。

评价标准

同案例1。

实训 1-1 普通药品收货案例 8

背景资料

现有一批药品从杭州 SN 制药有限公司发往 SX 医药有限公司，2021 年 9 月 1 日到货，请根据 GSP 相关要求完成以下药品的收货检查。供货单位印章印模备案样式、药品采购记录、随货同行单、药品检验报告书等相关文件见材料准备。

材料准备（扫一扫）

印章印模备案样式见数字资源中图 1-1-114、随货同行单备案样式见图 1-1-115、采购记录见图 1-1-116、随货同行单见图 1-1-117 至图 1-1-120、药品检验报告书见图 1-1-121 至图 1-1-124、到货实物见图 1-1-125 至图 1-1-128、收货记录表见图 1-1-129、拒收记录表见图 1-1-130、托盘见图 1-1-15、叉车见图 1-1-16。

操作步骤

同案例1。

注意事项

同案例1。

评价标准

同案例1。

实训 1-1 普通药品收货案例 9

背景资料

现有一批药品从烟台 TH 医药有限公司发往 RH 医药有限公司，2021 年 11 月 25 日到货，请根据 GSP 相关要求完成以下药品的收货检查。供货单位印章印模备案样式、药品采购记录、随货同行单、药品检验报告书等相关文件见材料准备。

印章印模备案样式见数字资源中图 1-1-131、随货同行单
备案样式见图 1-1-132、采购记录见图 1-1-133、随货同行单
见图 1-1-134 至图 1-1-137、药品检验报告书见图 1-1-138 至图
1-1-141、到货实物见图 1-1-142 至图 1-1-145、收货记录表见图 1-1-146、拒
收记录表见图 1-1-147、托盘见图 1-1-15、叉车见图 1-1-16。

操作步骤

同案例 1。

注意事项

同案例 1。

评价标准

同案例 1。

实训 1-1　普通药品收货案例 10

背景资料

现有一批药品从上海 HF 医药有限公司发往 XT 医药有限公司，2021
年 10 月 10 日到货，请根据 GSP 相关要求完成以下药品的收货检查。供货
单位印章印模备案样式、药品采购记录、随货同行单、药品检验报告书等相
关文件见材料准备。

材料准备（扫一扫）

印章印模备案样式见数字资源中图 1-1-148、随货同行单
备案样式见图 1-1-149、采购记录见图 1-1-150、随货同行单
见图 1-1-151 至图 1-1-154、药品检验报告书见图 1-1-155 至图
1-1-158、到货实物见图 1-1-159 至图 1-1-162、收货记录表见图 1-1-163、拒
收记录表见图 1-1-164、托盘见图 1-1-15、叉车见图 1-1-16。

操作步骤

同案例 1。

注意事项

同案例 1。

同案例1。

实训 1-2　特殊管理药品收货

背景资料

王某是海南 HL 医药股份有限公司仓储部的收货员。2022 年 2 月 1 日有一批从海南 AK 医药公司采购的药品到货。请根据 GSP 和企业收货操作规程要求，完成本批药品的收货检查。供货单位印章印模备案样式、药品采购记录、随货同行单、药品检验报告书等相关文件见材料准备。

材料准备（扫一扫）

印章印模备案样式见数字资源中图 1-2-1、随货同行单备案样式见图 1-2-2、采购记录见图 1-2-3、随货同行单见图 1-2-4、药品检验报告书见图 1-2-5 至图 1-2-8、到货实物见图 1-2-9 至图 1-2-12、收货记录表见图 1-2-13、拒收记录表见图 1-2-14。库房功能区划分见图 1-2-15、托盘见图 1-2-16、叉车见图 1-2-17。

操作步骤

步骤一　核查随货资料（双人）

1.索取随货同行单、药品检验报告书。

2.检查资料是否齐全，核对收货单位、收货地址等信息。

3.随货同行单与采购订单核对，核实是否是本单位采购的药品。

步骤二　检查运输工具和运输状况（双人）

1.检查车厢状况——是否为封闭式货车，运输工具内是否有被雨淋、腐蚀、污染等影响药品质量的现象。

2.检查运输时限——核对启运时间，检查是否符合采购订单约定的在途时限。

3.检查委托运输信息——到货药品为供货方委托运输的，检查运输方式、承运方式、承运单位等。

步骤三　卸货、检查外包装与核对药品实物（双人）

1.卸货过程中注意搬运和堆码药品应当严格按照外包装标示要求规范操作，堆码高度符合包装图示要求，避免损坏药品包装。

2.拆除运输防护包装，检查外包装是否完好，对出现破损、污染、标识不清等情况的药品，应该拒收。

3.核对随货同行单，检查药品品名、规格、批号、生产日期、有效期等信息是否正确。

步骤四　收货记录填写（双人）

1.将核对无误的药品置于相应的待验区，并在随货同行单上签字。

2.填写收货记录，移交验收人员。

3.对收货过程中出现异常现象的药品及时做出拒收处理，放置待处理区，并填写拒收记录。

注意事项

1.随货同行单需要加盖供货单位出库专用章原印章，不能是复印件，随货同行单与出库专用章均需要与备案件一致。

2.收货检查过程中，要严格按照规范要求，认真仔细核对单据与实物信息是否一致，按照实际到货情况在计算机系统中填写收货记录。

3.要具备严谨的工作态度，培养收货员拥有较强的责任心及职业观。

评价标准

按照《药品经营质量管理规范》及相关要求完整准确执行规定动作。

序号	评价内容	评价标准
1	核查随货资料	1.索取随货同行单、药品检验报告书 2.核对随货同行单内容是否正确 3.核对随货同行单与采购记录
2	检查运输工具和运输状况	1.检查车厢状况 2.检查运输时限 3.检查委托运输信息
3	卸货、检查外包装与核对药品实物	1.卸货 2.拆除运输防护包装 3.检查外包装 4.核对随货同行单与药品实物
4	收货记录填写	1.将符合要求的药品转移至待验区，签收 2.填写收货记录，与验收人员交接 3.填写拒收记录，将不符合要求的药品放置相应的待处理区

实训 1-3　冷链药品收货案例 1

背景资料

湖南 BQ 医药有限公司为一家药品配送商，2022 年 2 月 1 日有一批从湖南 XH 医药股份公司采购的药品到货。请根据 GSP 和企业收货操作规程要求，完成本批药品的收货检查。供货单位印章印模备案样式、药品采购记录、随货同行单、药品检验报告书等相关文件见材料准备。

材料准备（扫一扫）

印章印模备案样式见数字资源中图 1-3-1、随货同行单备案样式见图 1-3-2、采购记录见图 1-3-3、随货同行单见图 1-3-4、冷链交接单见图 1-3-5、运输途中温度记录见图 1-3-6、药品检验报告书见图 1-3-7 至图 1-3-10、药品实物见图 1-3-11 至图 1-3-14、收货记录表见图 1-3-15、拒收记录表见图 1-3-16。

操作步骤

步骤一　核查随货资料

1.索取随货同行单、药品检验报告书。

2.检查资料是否齐全，核对收货单位、收货地址等信息。

3.随货同行单与采购订单核对，核实是否是本单位采购的药品。

步骤二　检查运输工具和运输状况

1.检查车厢状况——是否为封闭式货车，运输工具内是否有被雨淋、腐蚀、污染等影响药品质量的现象。

2.检查运输时限——核对启运时间，检查是否符合采购订单约定的在途时限。

3.检查委托运输信息——到货药品为供货方委托运输的，检查运输方式、承运方式、承运单位等。

4.冷链药品检查运输途中温度数据——检查冷链交接单信息、在途温度数据是否符合要求。

步骤三　卸货、检查外包装与核对药品实物

1.卸货过程中注意搬运和堆码药品应当严格按照外包装标示要求规范操作，堆码高度符合包装图示要求，避免损坏药品包装。

2.拆除运输防护包装，检查外包装是否完好，对出现破损、污染、标识不清等情况的药品，应该拒收。

3.核对随货同行单，检查药品品名、规格、批号、生产日期、有效期等信息是否正确。

步骤四　收货记录填写

1.将核对无误的药品置于相应的待验区，并在随货同行单上签字。

2.填写收货记录，移交验收人员。

3. 对收货过程中出现异常现象的药品及时做出拒收处理，放置待处理区，并填写拒收记录。

注意事项

1. 随货同行单需要加盖供货单位出库专用章原印章，不能是复印件，随货同行单与出库专用章均需要与备案件一致。

2. 收货检查过程中，要严格按照规范要求，认真仔细核对单据与实物信息是否一致，按照实际到货情况在计算机系统中填写收货记录。

3. 要具备严谨的工作态度，培养收货员拥有较强的责任心及职业观。

评价标准

按照《药品经营质量管理规范》及相关要求完整准确执行规定动作。

序号	评价内容	评价标准
1	核查随货资料	1. 索取随货同行单、药品检验报告书 2. 核对随货同行单内容是否正确 3. 核对随货同行单与采购记录
2	检查运输工具和运输状况	1. 检查车厢状况 2. 检查运输时限 3. 检查委托运输信息 4. 冷链药品检查运输途中温度数据和冷链交接单，并在冷链交接单上填写到达时间、到达温度、接收人姓名和日期
3	卸货、检查外包装与核对药品实物	1. 卸货 2. 拆除运输防护包装 3. 检查外包装 4. 核对随货同行单与药品实物
4	收货记录填写	1. 将符合要求的药品转移至待验区，签收 2. 填写收货记录，与验收人员交接 3. 填写拒收记录，将不符合要求的药品放置相应的待处理区

实训 1-3　冷链药品收货案例 2

背景资料

江苏 RT 医药有限公司为一家药品配送公司，2022 年 2 月 2 日有一批从江苏 HY 医药有限公司采购的药品到货。请根据 GSP 和企业收货操作规程要求，完成本批药品的收货检查。供货单位印章印模备案样式、药品采购记录、随货同行单、药品检验报告书等相关文件见材料准备。

材料准备（扫一扫）

　　　　印章印模备案样式见数字资源中图 1-3-17、随货同行单备案样式见图 1-3-18、采购记录见图 1-3-19、随货同行单见图 1-3-20、冷链交接单见图 1-3-21、运输途中温度记录见图 1-3-22、药品检验报告书见图 1-3-23 至图 1-3-26、药品实物见图 1-3-27 至图 1-3-30、收货记录表见图 1-3-31、拒收记录表见图 1-3-32。

操作步骤

　　同案例 1。

注意事项

　　同案例 1。

评价标准

　　同案例 1。

实训 1-3　冷链药品收货案例 3

背景资料

　　假设你是江苏 TT 医药有限公司仓储部的收货员。2022 年 2 月 2 日有一批从江苏 JK 科技医药公司采购的药品到货。请根据 GSP 和企业收货操作规程要求，完成本批药品的收货检查。供货单位印章印模备案样式、药品采购记录、随货同行单、药品检验报告书等相关文件见材料准备。

材料准备（扫一扫）

　　　　印章印模备案样式见数字资源中图 1-3-33、随货同行单备案样式见图 1-3-34、采购记录见图 1-3-35、随货同行单见图 1-3-36、冷链交接单见图 1-3-37、运输途中温度记录见图 1-3-38、药品检验报告书见图 1-3-39 至图 1-3-42、药品实物见图 1-3-43 至图 1-3-46、收货记录表见图 1-3-47、拒收记录表见图 1-3-48。

操作步骤

　　同案例 1。

实训 1-3　冷链药品收货案例 4

背景资料

假设你是山东 LS 医药有限公司仓储部的收货员。2022 年 2 月 1 日有一批从山东 DZ 医药有限责任公司采购的药品到货。请根据 GSP 和企业收货操作规程要求，完成本批药品的收货检查。供货单位印章印模备案样式、药品采购记录、随货同行单、药品检验报告书等相关文件见材料准备。

材料准备（扫一扫）

印章印模备案样式见数字资源中图 1-3-49、随货同行单备案样式见图 1-3-50、采购记录见图 1-3-51、随货同行单见图 1-3-52、冷链交接单见图 1-3-53、运输途中温度记录见图 1-3-54、药品检验报告书见图 1-3-55 至图 1-3-58、药品实物见图 1-3-59 至图 1-3-62、收货记录表见图 1-3-63、拒收记录表见图 1-3-64。

操作步骤

同案例 1。

注意事项

同案例 1。

评价标准

同案例 1。

实训 1-3　冷链药品收货案例 5

背景资料

现有一批药品从浙江 BD 医药有限公司发往浙江 XR 医药有限公司，

2021年6月28日到货，请根据GSP相关要求完成以下药品的收货检查。供货单位印章印模备案样式、药品采购记录、随货同行单、药品检验报告书等相关文件见材料准备。

材料准备（扫一扫）

印章印模备案样式见数字资源中图1-3-65、采购记录见图1-3-66、随货同行单见图1-3-67、药品检验报告书见图1-3-68至图1-3-71、冷链交接单见图1-3-72、运输途中温度记录见图1-3-73、收货记录表见图1-3-74、拒收记录表见图1-3-75、药品实物见图1-3-76至图1-1-79。

操作步骤

同案例1。

注意事项

同案例1。

评价标准

同案例1。

实训1-3　冷链药品收货案例6

背景资料

现有一批药品从宁波JR医药公司发往浙江ZH大药房，2021年6月28日到货，请根据GSP相关要求完成以下药品的收货检查。供货单位印章印模备案样式、药品采购记录、随货同行单、药品检验报告书等相关文件见材料准备。

材料准备（扫一扫）

印章印模备案样式见数字资源中图1-3-80、采购记录见图1-3-81、随货同行单见图1-3-82、药品检验报告书见图1-3-83至图1-3-86、冷链交接单见图1-3-87、运输途中温度记录见图1-3-88、收货记录表见图1-3-89、拒收记录表见图1-3-90、药品实物见图1-3-91至图1-3-94。

操作步骤

同案例1。

同案例 1。

同案例 1。

实训 1-3 冷链药品收货案例 7

背景资料

现有一批药品从安徽 MR 药业有限公司发往南京 AM 有限公司，2021年 6 月 28 日到货，请根据 GSP 相关要求完成以下药品的收货检查。供货单位印章印模备案样式、药品采购记录、随货同行单、药品检验报告书等相关文件见材料准备。

材料准备（扫一扫）

印章印模备案样式见数字资源中图 1-3-95、采购记录见图 1-3-96、随货同行单见图 1-3-97、药品检验报告书见图 1-3-98 至图 1-3-101、冷链交接单见图 1-3-102、运输途中温度记录见图 1-3-103、收货记录表见图 1-3-104、拒收记录表见图 1-3-105、药品实物见图 1-3-106 至图 1-3-109。

操作步骤

同案例 1。

注意事项

同案例 1。

评价标准

同案例 1。

实训 1-3 冷链药品收货案例 8

背景资料

现有一批药品从杭州 DJ 医药科技公司发往浙江 HS 有限责任公司，2021 年 6 月 28 日到货，请根据 GSP 相关要求完成以下药品的收货检查。供货单位印章印模备案样式、药品采购记录、随货同行单、药品检验报告书等相关文件见材料准备。

印章印模备案样式见数字资源中图 1-3-110、随货同行单见图 1-3-111、药品检验报告书见图 1-3-112 至图 1-3-115、冷链交接单见图 1-3-116、运输途中温度记录见图 1-3-117、收货记录表见图 1-3-118、拒收记录表见图 1-3-119、药品实物见图 1-3-120 至图 1-3-123。

操作步骤

同案例 1。

注意事项

同案例 1。

评价标准

同案例 1。

实训 1-3　冷链药品收货案例 9

背景资料

现有一批药品从上海 CK 生物制药公司发往安徽 YX 股份公司，2021 年 6 月 28 日到货，请根据 GSP 相关完成以下药品的收货检查。供货单位印章印模备案样式、药品采购记录、随货同行单、药品检验报告书等相关文件见材料准备。

材料准备（扫一扫）

印章印模备案样式见数字资源中图 1-3-124、采购记录见图 1-3-125、随货同行单见图 1-3-126、药品检验报告书见图 1-3-127 至图 1-3-130、冷链交接单见图 1-3-131、运输途中温度记录见图 1-3-132、收货记录表见图 1-3-133、拒收记录表见图 1-3-134、药品实物见图 1-3-135 至图 1-3-138。

操作步骤

同案例 1。

注意事项

同案例 1。

评价标准

同案例 1。

实训 1-3　冷链药品收货案例 10

背景资料

现有一批药品从江西 ZY 医药股份有限公司发往上海 DFS 有限公司，2021 年 6 月 28 日到货，请根据 GSP 相关要求完成以下药品的收货检查。供货单位印章印模备案样式、药品采购记录、随货同行单、药品检验报告书等相关文件见材料准备。

材料准备（扫一扫）

印章印模备案样式见数字资源中图 1-3-139、采购记录见图 1-3-140、随货同行单见图 1-3-141、药品检验报告书见图 1-3-142 至图 1-3-145、冷链交接单见图 1-3-146、运输途中温度记录见图 1-3-147、收货记录表见图 1-3-148、拒收记录表见图 1-3-149、药品实物见图 1-3-150 至图 1-1-153。

操作步骤

同案例 1。

注意事项

同案例 1。

评价标准

同案例 1。

实训 1-4　销售退回药品收货

背景资料

江苏 RT 医药有限公司为药品配送公司，2021 年 7 月 1 日销售一批药品至江苏省 JK 医院。2022 年 2 月 3 日该医院因部分药品滞销需要退回江苏 RT 医药有限公司。如果你是该公司的收货员，请根据 GSP 和企业销售退回药品操作规程要求，完成本批销售退回药品的收货检查。原始销售记录、销售退回审批表等相关文件见材料准备。

材料准备（扫一扫）

原始销售记录见数字资源中图 1-4-1、销售退回审批表见图 1-4-2、药品实物见图 1-4-3 至图 1-4-6、销售退货记录见图 1-4-7、拒收记录表见图 1-4-8。

操作步骤

步骤一　核查随货资料

核对随货同行信息与销售退回药品审批单，核实是否是本单位销售的药品。

步骤二　卸货、核对药品实物

1.卸货过程中注意搬运和堆码药品应当严格按照外包装标示要求规范操作，堆码高度符合包装图示要求，避免损坏药品包装。

2.核对销售退回药品审批单，检查药品品名、规格、批号、生产日期、有效期等信息是否正确。

步骤三　收货记录填写

1.将核对无误的药品置于待验区，并在销售退回药品审批单上签字。

2.填写销售退回药品收货记录，移交验收人员。

3.对收货过程中出现异常现象的药品及时做拒收处理，放置退货区，并填写拒收记录。

注意事项

1.销售退回药品要严格按照规范要求，认真仔细核对原始销售记录，确认为本公司销售的药品。

2.销售退回药品的数量不得大于原始销售记录的数量，按照实际情况在计算机系统中填写销售退回药品收货记录。

3.要具备严谨的工作态度，培养收货员具有较强的责任心及正确的职业观。

评价标准

按照《药品经营质量管理规范》及相关要求完整准确执行规定动作。

序号	评价内容	评价标准
1	核查随货资料	核对随货同行信息与销售退回药品审批单,确认所退回的药品为本单位销售的药品
2	卸货、核对药品实物	1.卸货 2.核对销售退回药品审批单,检查药品品名规格、批号、生产日期、有效期等信息
3	收货记录填写	1.将符合要求的药品转移至待验区,签收 2.填写销售退回药品收货记录,与验收人员交接 3.填写销售退回药品拒收记录,将不符合要求的药品放置退货区

实训 1-5　收货异常情况处理

如果你是一家医药公司的收货员，请你根据 GSP 及收货操作规程要求简述在收货过程中出现以下异常情况应该如何处理。

一、收货人员在检查运输工具和运输状况时

1.发现运输工具内有被雨淋、腐蚀、污染等可能影响药品质量的现象。

2.运输单据所载明的启运日期不符合协议约定的在途时限。

3.收货人员在药品到货后，核对承运方式、承运单位、启运时间等信息内容与采购通知不一致。

4.冷藏、冷冻药品到货时，未采用规定的冷藏设备运输或温度不符合要求。

二、药品到货，收货人员查验随货同行单（票）、药品采购记录时

1.无随货同行单（票）或无采购记录。

2.随货同行单（票）记载的供货单位、生产厂商、药品的通用名称、剂型、规格、批号、数量、收货单位、收货地址、发货日期等内容与采购记录以及本企业实际情况不符。

三、收货人员核对随货同行单（票）、采购记录与药品实物时

1.随货同行单（票）内容中，除数量以外的其他内容与采购记录、药品实物不符。

2.随货同行单（票）与采购记录、药品实物数量不符。

3.供货单位对随货同行单（票）与采购记录、药品实物不相符的内容，不予确认的。

四、收货人员检查药品外包装时出现破损、污染、标识不清等情况

五、结合上述实训案例，分析下列情况应如何处理

实训 1-2　特殊管理药品收货案例，艾司唑仑片随货同行单批号、检验报告批号 CZ2021306 与药品批号 CZ2021506 不一致。

实训 1-3　案例 1　冷链药品收货前列地尔注射液的储运条件为 0～5℃。

实训 1-3　案例 2　冷链药品收货运输途中温度数据（9：10～9：20）中间缺失。

实训 1-3　案例 3　冷链药品收货运输途中温度数据 9：05 超温（8.1℃）。

实训 1-4　销售退回药品收货。

1.左甲状腺素钠片原始销售记录 5 盒，实际退货 6 盒。

2.托考昔片退货批号 20212032 与药品实物批号 20212072 不一致。

评价标准

序号	评价内容	评价标准
1	药品到货时,收货人员应当对运输工具和运输状况进行检查	1.检查运输工具是否密闭,如发现运输工具内有被雨淋、腐蚀、污染等可能影响药品质量的现象,及时通知采购部门并报质量管理部门处理 2.根据运输单据所载明的启运日期,检查是否符合协议约定的在途时限,不符合约定时限的应报质量管理部门处理 3.供货方委托运输药品的,企业采购部门要提前向供货单位索要委托的承运方式、承运单位、启运时间等信息,并将上述情况提前通知收货人员;收货人员在药品到货后,要逐一核对上述内容,内容不一致的应通知采购部门并报质量管理部门处理 4.冷藏、冷冻药品到货时,查验冷藏车、车载冷藏箱或保温箱的温度状况,核查并留存运输过程和到货时的温度记录;对未采用规定的冷藏设备运输或温度不符合要求的,应当拒收,同时对药品进行控制管理,做好记录并报质量管理部门处理
2	药品到货时,收货人员应当查验随货同行单(票)以及相关的药品采购记录	无随货同行单(票)或无采购记录的应当拒收;随货同行单(票)记载的供货单位、生产厂商、药品的通用名称、剂型、规格、批号、数量、收货单位、收货地址、发货日期等内容与采购记录以及本企业实际情况不符的,应当拒收,并通知采购部门处理
3	依据随货同行单(票)核对药品实物	随货同行单(票)中记载的药品的通用名称、剂型、规格、批号、数量、生产厂商等内容与药品实物不符的,应当拒收,并通知采购部门进行处理
4	收货过程中,对于随货同行单(票)或到货药品与采购记录的有关内容不相符的,由采购部门负责与供货单位核实和处理	1.对于随货同行单(票)内容中,除数量以外的其他内容与采购记录、药品实物不符的,经供货单位确认并提供正确的随货同行单(票)后,方可收货 2.对于随货同行单(票)与采购记录、药品实物数量不符的,经供货单位确认后,应当由采购部门确定并调整采购数量后,方可收货 3.供货单位对随货同行单(票)与采购记录、药品实物不相符的内容,不予确认的,应当拒收,存在异常情况的应报质量管理部门处理
5	检查包装	收货人员应当拆除药品的运输防护包装,检查药品外包装是否完好,对出现破损、污染、标识不清等情况的药品,应当拒收
6	实训案例中的异常	根据规范,对异常药品应当拒收

任务二 医药商品验收

1. 能进行普通药品验收操作。
2. 能进行特殊管理药品验收操作。
3. 能进行冷链药品验收操作。
4. 能操作销售退回药品验收。
5. 能处理验收异常情况。

实训 1-6 一般药品验收案例 1

背景资料

现有一批药品从江西省 JZ 医药有限公司发往江西 HX 大药房连锁有限公司，2021 年 6 月 5 日药品到货后由江西 HX 大药房连锁有限公司仓储部收货员王明完成收货，收货合格药品已放置于待验区，签字交接给验收员李天，假如你是验收员李天，请根据 GSP 相关要求完成待验区药品的验收操作。

材料准备（扫一扫）

待验区放置药品的托盘见数字资源中图 2-1-1；开箱刀见图 2-1-2；封箱器（含胶带）见图 2-1-3；采购单位质量检验章见图 2-1-4；药品信息见图 2-1-5 至图 2-1-8；药品采购单见图 2-1-9；随货同行单见图 2-1-10；药品检验报告书见图 2-1-11 至图 2-1-14；药品出厂检验合格证在整件箱体内，样式见图 2-1-15；"抽样验收"合格签见图 2-1-16；药品验收记录表见图 2-1-17；药品拒收记录表见图 2-1-18。

操作步骤

步骤一 核对药品

1. 确定药品的"待验状态"，核对药品所处的验收区域环境是否与药品包装上标示的要求相符。

2. 对照收货单核对药品，逐一核对品名、规格、数量、生产批号、有效期、生产企业、上市许可持有人、批准文号等信息内容。

步骤二 查验合格证明文件

1. 查验合格证明文件是否齐全。按照药品批号逐批查验药品的合格证明文件，按照药品批号查验同批号的合格证明文件（检验报告书、进口药品证明文件、生物制品批签发合格证等），确认是否齐全。

2.查验合格证明文件是否符合规定

（1）检查检验报告书：药品购进企业是生产企业，应当查验药品检验报告书是否为原件（加盖药品检验专用章原印章）；购进企业是批发企业，应当查验检验报告书是否加盖其质量管理专用章原印章（加盖药品检验专用章＋质量管理专用章）。同时核对印章与备案章是否一致。

（2）验收实施批签发管理的生物制品时，应当有加盖供货单位质量管理专用章原印章的《生物制品批签发合格证》复印件。

（3）验收进口药品应当有加盖供货单位质量管理专用章原印章的相关证明文件。

3.核查药品合格证明文件与药品实物是否相符

检查药品合格证明文件中的药品名称、规格、批号、生产厂家等内容是否与药品实物上所载的信息一致。

步骤三　抽取样品

1.检查药品外包装：检查运输储存包装有无封条损坏、标签污损，有无明显重量差异或外观异常等情况。查看包装上药品通用名称、规格、生产厂商、贮藏、包装规格、储运图示标志，以及外用药品、非处方药等标记。

2.抽取整件样品，确认抽样件数，整件数量在 2 件及以下的，全部抽查；整件数量在 3～50 件的至少抽查 3 件；50 件以上每增加 50 件，至少增加抽查 1 件，不足 50 件的按 50 件计。打开抽取的整件箱，从每整件的上、中、下不同位置随机抽取 3 个最小包装进行检查。检查整件药品出厂检验合格证。

3.抽取非整件样品逐批抽样，对同一批号的药品至少随机抽取一个最小包装。

步骤四　检查样品

1.检查药品最小包装

（1）检查最小包装的封口是否严密、牢固，有无破损、污染或渗液，包装及标签印字是否清晰，标签粘贴是否牢固。

（2）检查运输储存包装上标识的药品信息与最小包装上标识的药品信息是否一致。

（3）检查整件药品的每件包装中，应有产品合格证。合格证的内容一般包括药品的通用名称、规格、生产企业、生产批号、检验单号、出厂日期、包装人、检验部门和检验人员签章。

2.检查药品标签和说明书

（1）检查每一最小包装药品标签内容是否齐全。

（2）检查药品说明书内容是否齐全。

（3）检查药品标签和说明书上相应的警示语及专有标识。

（4）检查进口药品的包装、标签以中文注明药品通用名称、主要成分以及注册证号，并有中文说明书。

3.检查药品外观质量

根据药品说明书和药品标准对不同剂型的外观质量要求的必要项目和内容进行检查。

（1）检查片剂　检查透明泡罩包装片剂，直接查看包装有无破损，片剂有无异物、裂片、漏片，形状是否一致，表面是否光滑；检查不透明铝箔包装，检查时，通过手指轻捏泡罩位置，判断是否有漏片、裂片等异常情况。

（2）检查胶囊剂　检查色泽，有无漏药、破裂、变形、粘连、霉变、生虫及包装破损等。软胶囊（胶丸）还应检查气泡及畸形丸。要求外观整洁，大小相等，长短一致，无斑点，带色的胶囊颜色应均匀一致，不得有褪色、变色等现象，无砂眼、虫眼、破裂、漏药、粘连、发霉、变形、结块、霉变等现象。

（3）检查口服液　检查色泽，有无混浊、沉淀、结晶析出、异味、霉变、酸败、杂质异物、渗漏及包装破损等。液体制剂应色泽一致，药液澄清，无沉淀、异物、异味、酸败、霉变现象。

步骤五　封箱还原

1.还原抽取的散件药品，细小零星药品用橡皮筋进行捆扎。

2.还原抽取的大包装整件箱，并用专用胶带进行固定，粘贴带有验收字样的标签或盖章。

步骤六　填写验收记录

1.填写验收记录

药品验收结论为合格的，填写验收记录表，填写药品批号、生产日期、有效期、到货数量、验收合格数量、验收结果等内容，在验收记录上签署姓名和验收日期。

2.填写拒收单

药品验收结论为不合格的，填写拒收记录，填写批号、生产日期、有效期、生产厂商、供货单位、到货数量、到货日期、拒收原因等内容，在拒收记录上签署姓名和拒收日期。

步骤七　处置验收药品

1.调整已验收药品质量状态标识或移入相应区域。

2.将随货同行单（票）和检验报告书等合格证明文件分别进行整理。

1.验收进口药品时，合格证明文件要求要有加盖供货单位质量管理专用章原印章的相关证明文件。

（1）《进口药品注册证》或《医药产品注册证》。

（2）进口药材需有《进口药材批件》。

（3）注明"已抽样"字样的《进口药品通关单》。

（4）进口国家规定的实行批签发管理的生物制品，有批签发证明文件和《进口药品检验报告书》。

2.验收实施批签发管理的生物制品时，要有加盖供货单位药品检验专用章或质量管理专用章原印章的《生物制品批签发合格证》复印件。

3.异常情况抽样

整件药品存在破损、污染、渗液、封条损坏等异常及零货、拼箱的，应当开箱检查至最小包装；抽取药品对存在封口不牢、标签污损、有明显重量差异或外观异常等情况的，至少再增加一倍抽样数量，进行再检查；外包装及封签完整的原料药、实施批签发管理的生物制品，可不开箱检查。

4.检查药品标签和说明书

（1）检查药品标签内容齐全，对注射剂瓶、滴眼剂瓶等因标签尺寸限制无法全部注明上述内容的，至少标明药品通用名称、规格、产品批号、有效期等内容。中药蜜丸蜡壳至少注明药品通用名称。

（2）中药饮片的包装或容器与药品性质相适应及符合药品质量要求，中药饮片的标签内容齐全，实施批准文号管理的中药饮片还需注明批准文号。

（3）中药材有包装，应标明规定内容；实施批准文号管理的中药材还需注明批准文号。

（4）进口药品的包装、标签以中文注明药品通用名称、主要成分以及注册证号，并有中文说明书。

（5）检查处方药和非处方药的标签和说明书上有相应的警示语，非处方药的包装有国家规定的专有标识；外用药品的包装、标签及说明书上均有规定的标识和警示说明；特殊管理药品的包装、标签及说明书上应有规定的标识和警示说明；蛋白同化制剂和肽类激素及含兴奋剂成分的药品应标明警示标识。

5.验收人员应熟悉国家有关药品管理的法令法规，具备一定的药品经济管理知识，有吃苦耐劳的精神，有较强的沟通协作能力，能遵纪守法，爱岗敬业；以质量为本，精益求精；能有法必依，坚持原则。

按照《药品经营质量管理规范》及相关要求完整准确执行规定动作。

序号	评价内容	评价标准
1	核对药品	对照收货单核对药品
2	查验合格证明文件	1.检查药品合格证明文件的齐全性 2.检查药品合格证明文件的合法性 3.核查药品实物与药品合格证明文件之间的关联性
3	抽取样品	1.检查运输包装 2.开箱抽取整件样品 3.检查整件药品出厂检验合格证
4	查验药品	1.检查药品最小包装 2.检查药品最小包装标签 3.检查药品说明书 4.检查药品外观质量
5	封箱还原	1.还原抽样最小包装药品,封闭整件箱 2.粘贴验收标签
6	填写验收记录	1.填写验收记录 2.填写拒收记录
7	处置验收药品	1.调整已验收药品质量状态标识或移入相应区域 2.将随货同行单(票)和检验报告书等合格证明文件分别进行整理

实训 1-6　一般药品验收案例 2

背景资料

现有一批药品从武汉 ZX 医药有限公司发往江西 JZT 药业有限公司,2021 年 6 月 5 日药品到货后由江西 JZT 药业有限公司仓储部收货员李丽完成收货,收货合格药品已放置于待验区,签字交接给验收员张玲,假如你是验收员张玲,请根据 GSP 相关要求完成待验区药品的验收操作。

材料准备（扫一扫）

待验区放置药品的托盘、开箱刀、封箱器（含胶带）同案例 1；采购单位的质量检验章见数字资源中图 2-1-19；药品信息见图 2-1-20 至图 2-1-23；药品采购单见图 2-1-24；随货同行单见图 2-1-25；药品检验报告书见图 2-1-26 至图 2-1-29；药品出厂检验合格证在整件箱体内,样式见图 2-1-30；"抽样验收"合格签同案例 1；药品验收记录表见图 2-1-31；药品拒收记录表见图 2-1-32。

同案例1。

注意事项

同案例1。

评价标准

同案例1。

实训 1-6　一般药品验收案例 3

背景资料

现有一批药品从江西 HR 医药有限公司发往江西 CS 大药房有限公司，2021 年 6 月 5 日药品到货后由江西 CS 大药房有限公司仓储部收货员李萍完成收货，收货药品放置于待验区，签字交接给验收员邹蓉，假如你是验收员邹蓉，请根据 GSP 相关要求完成待验区药品的验收操作。

材料准备（扫一扫）

待验区放置药品的托盘、开箱刀、封箱器（含胶带）同案例1；采购单位的质量检验章见数字资源中图 2-1-33；药品信息见图 2-1-34 至图 2-1-37；药品采购单见图 2-1-38；随货同行单见图 2-1-39；药品检验报告书见图 2-1-40 至图 2-1-43；药品出厂检验合格证在整件箱体内，样式见图 2-1-44；"抽样验收"合格签同案例1；药品验收记录表见图 2-1-45；药品拒收记录表见图 2-1-46。

操作步骤

同案例1。

注意事项

同案例1。

评价标准

同案例1。

实训 1-6　一般药品验收案例 4

背景资料

现有一批药品从山东 XT 医药有限公司发往 KJ 医药有限公司，2022 年

1月1日药品到货后由 KJ 医药有限公司仓储部收货员王明完成收货，收货合格药品已放置于待验区，签字交接给验收员张扬，假如你是验收员张扬，请根据 GSP 相关要求完成待验区药品的验收操作。

材料准备（扫一扫）

待验区放置药品的托盘、开箱刀、封箱器（含胶带）同案例 1；采购单位的质量检验章见数字资源中图 2-1-47；药品信息见图 2-1-48 至图 2-1-51；药品采购单见图 2-1-52；随货同行单见图 2-1-53；药品检验报告书见图 2-1-54 至图 2-1-57；药品出厂检验合格证在整件箱体内，样式见图 2-1-58；"抽样验收"合格签同案例 1；药品验收记录表见图 2-1-59；药品拒收记录表见图 2-1-60。

操作步骤

同案例 1。

注意事项

同案例 1。

评价标准

同案例 1。

实训 1-6　一般药品验收案例 5

背景资料

现有一批药品从山东 XT 医药有限公司发往 KJ 医药有限公司，2022 年 1 月 1 日药品到货后由 KJ 医药有限公司仓储部收货员王明完成收货，收货合格药品已放置于待验区，签字交接给验收员张扬，假如你是验收员张扬，请根据 GSP 相关要求完成待验区药品的验收操作。

材料准备（扫一扫）

待验区放置药品的托盘、开箱刀、封箱器（含胶带）同案例 1；采购单位的质量检验章见数字资源中图 2-1-61；药品信息见图 2-1-62 至图 2-1-65；药品采购单见图 2-1-66；随货同行单见图 2-1-67；药品检验报告书见图 2-1-68 至图 2-1-71；药品出厂检验合格证在整件箱体内，样式见图 2-1-72；"抽样验收"合格签同案例 1；药品验收记录表见图 2-1-73；药品拒收记录表见图 2-1-74。

同案例 1。

注意事项

同案例 1。

评价标准

同案例 1。

实训 1-6 一般药品验收案例 6

背景资料

现有一批药品从山东 XT 医药有限公司发往 KJ 医药有限公司，2022 年 1 月 1 日药品到货后由 KJ 医药有限公司仓储部收货员王明完成收货，收货合格药品已放置于待验区，签字交接给验收员张扬，假如你是验收员张扬，请根据 GSP 相关要求完成待验区药品的验收操作。

材料准备（扫一扫）

待验区放置药品的托盘、开箱刀、封箱器（含胶带）同案例 1；采购单位的质量检验章见数字资源中图 2-1-75；药品信息见图 2-1-76 至图 2-1-79；药品采购单见图 2-1-80；随货同行单见图 2-1-81；药品检验报告书见图 2-1-82 至图 2-1-85；药品出厂检验合格证在整件箱体内，样式见图 2-1-86；"抽样验收"合格签同案例 1；药品验收记录表见图 2-1-87；药品拒收记录表见图 2-1-88。

操作步骤

同案例 1。

注意事项

同案例 1。

评价标准

同案例 1。

实训 1-7 特殊管理药品验收

背景资料

现有一批特殊药品从具有麻醉药品与第一类精神药品经营许可的全国性

批发国药 NH 医药有限公司发往具有麻醉药品与第一类精神药品经营许可的区域性批发企业江西 HR 医药有限公司，当日药品到货后由江西 HR 医药有限公司仓储部收货员洪小丹、王琳完成收货，收货药品已放置于特殊管理药品待验专区，签字交接给验收员皮芳芳、李承，假如你是验收员皮芳芳，请根据 GSP 相关要求，立即对待验区药品进行验收操作。

材料准备（扫一扫）

待验区放置药品的托盘见实训 1-6 案例 1 数字资源中图 2-1-1；开箱刀见图 2-1-2；封箱器（含胶带）见图 2-1-3；采购单位的质量检验章见数字资源中图 2-2-1；药品信息见图 2-2-2 至图 2-2-5；药品采购单见图 2-2-6；随货同行单见图 2-2-7；药品检验报告书见图 2-2-8 至图 2-2-11；药品出厂检验合格证在整件箱体内，样式见图 2-2-12；"抽样验收"合格签见图 2-2-13；药品验收记录表见图 2-2-14；药品拒收记录表见图 2-2-15。

操作步骤

步骤一　双人核对药品

1.确定特殊药品的"待验状态"，查对药品所处的验收区为特药专库。

2.对照收货单核对药品，逐一核对品名、规格、数量、生产批号、有效期、生产企业、上市许可持有人、批准文号等信息内容。

步骤二　双人查验合格证明文件

1.查验合格证明文件是否齐全，按照药品批号逐批查验药品的合格证明文件，按照药品批号查验同批号的合格证明文件，确认是否齐全。

（1）检查检验报告书：药品购进企业是生产企业，应当查验药品检验报告书是否为原件（加盖药品检验专用章原印章）；购进企业是批发企业，应当查验检验报告书是否加盖其质量管理专用章原印章（加盖药品检验专用章＋质量管理专用章）。同时核对印章与备案章是否一致。

（2）验收实施批签发管理的生物制品时，应当有加盖供货单位质量管理专用章原印章的《生物制品批签发合格证》复印件。

（3）验收进口药品应当有加盖供货单位质量管理专用章原印章的相关证明文件。

2.核查药品合格证明文件与药品实物是否相符

药品合格证明文件中的药品名称、规格、批号、生产厂家等内容是否与药品实物上所载的信息一致。

步骤三　双人抽取样品

1.检查药品外包装

检查运输储存包装有无封条损坏、标签污损，有无明显重量差异或外观异常等情况。查看包装上药品通用名称、规格、生产厂商、贮藏、专有标识标识"麻""精神药品""毒"的警示说明，蛋白同化制剂、肽类激素、含兴奋剂类成分的药品及"运动员慎用"警示标识等。

2.整件药品

麻醉药品、一类精神药品、医疗用毒性药品，按批号逐件（逐盒逐支）检查，查验到最小包装；二类精神药品，按批号逐件开箱查验。

3.非整件药品

药品必须查验至每一最小包装。

步骤四　双人检查样品

1.检查药品最小包装

（1）检查最小包装的封口是否严密、牢固，有无破损、污染或渗液，包装及标签印字是否清晰，检查专有标示"麻""精神药品""毒"的警示说明，蛋白同化制剂、肽类激素、含兴奋剂类成分的药品及"运动员慎用"警示标识等。检查标签粘贴是否牢固。

（2）检查运输储存包装上标识的药品信息与最小包装上标识的药品信息是否一致。

（3）检查整件药品的每件包装中，应有产品合格证。合格证的内容一般包括药品的通用名称、规格、生产企业、生产批号、检验单号、出厂日期、包装人、检验部门和检验人员签章等。

2.检查药品标签和说明书

（1）检查每一最小包装药品标签内容是否齐全。

（2）检查药品说明书内容是否齐全。

（3）检查药品标签和说明书上相应的警示语及专有标识，如"麻""精神药品""毒"的警示说明及警示标识。

（4）检查进口药品的包装、标签以中文注明药品通用名称、主要成分以及注册证号，并有中文说明书。

3.检查药品外观质量

根据药品说明书和药品标准对不同剂型的外观质量要求的必要项目和内容进行检查。

（1）检查片剂　检查透明泡罩包装片剂，直接查看包装有无破损，片剂有无异物、裂片、漏片，形状是否一致，表面是否光滑；检查不透明铝箔包装，检查时，通过手指轻捏泡罩位置，判断是否有漏片、裂片等异常情况。

（2）检查注射剂　检查液体注射剂时，观察外观，采用倒置、轻晃等方式，判断注射剂包装是否严密，药液澄明度是否符合要求，有无异物、沉淀等异常现象。冬季应当注意检查是否结晶。检查冻干粉时，通过直接查看，判断包装是否有破损，瓶内有无异物。

步骤五　双人封箱还原

1. 还原抽取的散件药品，细小零星药品用橡皮筋进行捆扎。

2. 还原抽取的大包装整件箱，并用专用胶带进行固定，粘贴带有验收字样的标签或盖章。

步骤六　双人填写验收记录

1. 填写验收记录

药品验收结论为合格的，填写验收记录表，填写药品批号、生产日期、有效期、到货数量、验收合格数量、验收结果等内容，在验收记录上签署姓名和验收日期。

2. 填写拒收记录

药品验收结论为不合格的，填写拒收记录，填写批号、生产日期、有效期、生产厂商、供货单位、到货数量、到货日期、拒收原因等内容，在拒收记录上签署姓名和拒收日期。

步骤七　双人处置验收药品

1. 调整已验收药品质量状态标识或移入相应区域。

2. 将随货同行单（票）和检验报告书等合格证明文件分别进行整理。

注意事项

1. 药品经营企业的特殊管理药品待验区必须设置在特殊管理药品专库或者专区内；特殊管理药品应在特殊管理药品待验区内双人完成验收工作，验收应快速及时，货到即验。

2. 药品经营企业设置专库要求：安装专用防盗门，实行双人双锁管理；具有相应的防火设施；具有监控设施和报警装置，报警装置应当与公安机关报警系统联网。

3. 对进口麻醉药品和精神药品进行验收时，药品验收人员应查验是否有加盖供货单位质量管理专用章原印章的《进口许可证》。

4. 药品验收人员应查验特殊管理药品的包装、标签及说明书上是否有规定的标识，同时做好验收记录。特殊管理药品的标识见下图，麻醉药品的标识是蓝白相间的"麻"字样，精神药品的标识是绿白相间的"精神药品"字样，医疗用毒性药品的标识是黑白相间的"毒"字样，放射性药品的标识是红黄相间的圆形图案。

5. 全国性批发企业应当从定点生产企业购进麻醉药品和第一类精神药品，区域性批发企业可以从全国性批发企业购进麻醉药品和第一类精神药

麻醉药品　　　　精神药品　　　　毒性药品　　　　放射性药品

品；经所在地省、自治区、直辖市人民政府药品监督管理部门批准，也可以从定点生产企业购进麻醉药品和第一类精神药品。全国性批发企业和区域性批发企业向医疗机构销售麻醉药品和第一类精神药品，应当将药品送至医疗机构。

6.全国性批发企业和区域性批发企业、国家设立的麻醉药品储存单位以及麻醉药品和第一类精神药品的使用单位，应当配备专人负责管理工作，并建立储存麻醉药品和第一类精神药品的专用账册。药品入库双人验收，出库双人复核，做到账物相符。专用账册的保存期限应当自药品有效期期满之日起不少于5年。第二类精神药品经营企业应当在药品库房中设立独立的专库或者专柜储存第二类精神药品，并建立专用账册，实行专人管理。专用账册的保存期限应当自药品有效期期满之日起不少于5年。

7.验收人员应熟悉国家有关药品管理的法令法规，具备一定的药品经济管理知识，有吃苦耐劳的精神，有较强的沟通协作能力，能遵纪守法，爱岗敬业；以质量为本，精益求精；能有法必依，坚持原则。

评价标准

按照《药品经营质量管理规范》及相关要求完整准确执行规定动作。

序号	评价内容	评价标准
1	核对药品（双人）	对照随货同行单核对药品
2	查验合格证明文件（双人）	1. 检查药品合格证明文件的齐全性 2. 检查药品合格证明文件的合法性 3. 核查药品实物与药品合格证明文件之间的关联性
3	抽取样品（双人）	1. 检查运输包装 2. 检查特殊管理药品专有标识 3. 开箱抽取整件样品 4. 检查整件药品出厂检验合格证
4	查验药品（双人）	1. 检查药品最小包装 2. 检查药品最小包装标签 3. 检查药品说明书 4. 检查药品外观质量
5	封箱还原（双人）	1. 还原抽样最小包装药品，封闭整件箱 2. 粘贴验收标签

序号	评价内容	评价标准
6	填写验收记录 (双人)	1. 填写验收记录 2. 填写拒收记录
7	处置验收药品 (双人)	1. 调整已验收药品质量状态标识或移入相应区域 2. 将随货同行单(票)和检验报告书等合格证明文件分别进行整理

实训 1-8　冷链药品验收案例 1

背景资料

2021 年 6 月 7 日有一批从山西 JC 医药有限公司采购的药品到货，收货员已经对药品完成收货。作为山西 JK 医药有限公司仓储部的验收员，请根据 GSP 和企业验收操作规程要求，完成本批药品的验收检查。供货单位印章印模备案样式、药品采购记录、随货同行单、药品质检报告等相关文件见材料准备。

材料准备（扫一扫）

印章印模备案样式见数字资源中图 2-3-1、随货同行单备案样式见图 2-3-2、随货同行单见图 2-3-3、药品质检报告见图 2-3-4 至图 2-3-7、药品实物见图 2-3-8 至图 2-3-11、验收记录表见图 2-3-12、拒收记录表见图 2-3-13、冷链交接单见图 2-3-14、在途温度记录单见图 2-3-15。

操作步骤

步骤一　检查药品随货同行单、药品检验报告等单据

1. 核对收货单与药品实物。

2. 核对药品证明性文件。

步骤二　抽样

1. 整件商品的抽样。

2. 零散医药商品的抽样。

步骤三　检查外观、包装、说明书

1. 检查医药商品外观、性状。

2. 检查医药商品包装。

3. 检查医药商品说明书。

步骤四　验收记录填写

1. 判定合格的药品在验收记录上填写"合格"。

2. 判定不合格的药品在验收记录上填写"不合格"，并填写拒收单。

3. 验收员无法判断是否合格，报质管部门确定。

注意事项

1. 检查单据

（1）检查检验报告书：药品购进企业是生产企业，应当查验药品检验报告书是否为原件（加盖药品检验专用章原印章）；购进企业是批发企业，应当查验检验报告书是否加盖其质量管理专用章原印章（加盖药品检验专用章＋质量管理专用章）。同时核对印章与备案章是否一致。

（2）验收实施批签发管理的生物制品时，应当有加盖供货单位质量管理专用章原印章的《生物制品批签发合格证》复印件。

（3）验收进口药品应当有加盖供货单位质量管理专用章原印章的相关证明文件。

2. 验收检查过程中，要严格按照规范要求，认真仔细核对单据与实物信息是否一致。

3. 要具备严谨的工作态度，按照实际到货情况在计算机系统中填写收货记录，培养收货员拥有较强的责任心及职业观。

评价标准

按照《药品经营质量管理规范》及相关要求完整准确执行规定动作。

序号	评价内容	评价标准
1	核查验收单据	1. 药品实物与收货单进行核对 2. 核对药品实物与药品质检报告
2	抽样	1. 整件药品2件以下全部抽样，3～50件抽样3件，每增加50件抽样增加1件 2. 抽样检查要从每整件上、中、下不同位置进行随机抽取 3. 抽样结束后标明"已抽样"标志
3	检查外观、包装、说明书	1. 核对药品合格证或装箱单与药品实物是否一致 2. 抽样检查药品的最小包装封口是否严密、牢固，有无破损、污染、渗液等现象 3. 检查包装及标签印字是否清晰，标签粘贴是否牢固 4. 查看说明书内容是否完整
4	验收记录填写	1. 签收 2. 填写验收记录，与库管人员交接 3. 填写拒收记录

实训 1-8　冷链药品验收案例 2

背景资料

2021 年 11 月 2 日有一批从山东 YH 医药有限公司采购的药品到货，收货员已经对药品完成收货。作为山西 KM 医药有限公司仓储部的验收员，请根据 GSP 和企业验收操作规程要求，完成本批药品的验收检查。供货单位印章印模备案样式、药品采购记录、随货同行单、药品质检报告等相关文件见材料准备。

材料准备（扫一扫）

印章印模备案样式见数字资源中图 2-3-16、随货同行单备案样式见图 2-3-17、随货同行单见图 2-3-18、质检报告见图 2-3-19 至图 2-3-22、药品实物见图 2-3-23 至图 2-3-26、验收记录表见图 2-3-27、拒收记录表见图 2-3-28、运输交接单见图 2-3-29、在途温度记录单见图 2-3-30。

操作步骤

同案例 1。

注意事项

同案例 1。

评价标准

同案例 1。

实训 1-8　冷链药品验收案例 3

背景资料

2021 年 12 月 6 日有一批从浙江 MY 医药有限公司采购的药品到货，收货员已经对药品完成收货。作为山西 DK 医药有限公司仓储部的验收员，请根据 GSP 和企业验收操作规程要求，完成本批药品的验收检查。供货单位印章印模备案样式、药品采购记录、随货同行单、药品质检报告等相关文件见材料准备。

材料准备（扫一扫）

印章印模备案样式见数字资源中图 2-3-31、随货同行单备案样式见图 2-3-

32、随货同行单见图 2-3-33、质检报告见图 2-3-34 至图 2-3-37、药品实物见图 2-3-38 至图 2-3-41、验收记录表见图 2-3-42、拒收记录表见图 2-3-43、运输交接单见图 2-3-44、在途温度记录单见图 2-3-45。

操作步骤

同案例 1。

注意事项

同案例 1。

评价标准

同案例 1。

实训 1-8　冷链药品验收案例 4

背景资料

2021 年 6 月 7 日有一批从山东 YH 医药有限公司采购的药品到货，收货员已经对药品完成收货。作为山东 HX 医药有限公司仓储部的验收员，请根据 GSP 和企业验收操作规程要求，完成本批药品的验收检查。供货单位印章印模备案样式、药品采购记录、随货同行单、药品质检报告等相关文件见材料准备。

材料准备（扫一扫）

印章印模备案样式见数字资源中图 2-3-46、随货同行单备案样式见图 2-3-47、随货同行单见图 2-3-48、质检报告见图 2-3-49 至图 2-3-52、运输交接单见图 2-3-53、运输温度记录单见图 2-3-54、药品实物见图 2-3-55 至图 2-3-58、收货记录表见图 2-3-59、验收记录表见图 2-3-60、拒收记录表见图 2-3-61。

操作步骤

同案例 1。

注意事项

同案例 1。

评价标准

同案例 1。

实训 1-8　冷链药品验收案例 5

2021 年 6 月 8 日有一批从山东 YH 医药有限公司采购的药品到货，收货员已经对药品完成收货。作为山东 HX 医药有限公司仓储部的验收员，请根据 GSP 和企业验收操作规程要求，完成本批药品的验收检查。供货单位印章印模备案样式、药品采购记录、随货同行单、药品质检报告等相关文件见材料准备。

材料准备（扫一扫）

印章印模备案样式见数字资源中图 2-3-62、随货同行单备案样式见图 2-3-63、随货同行单见图 2-3-64、药品质检报告见图 2-3-65 至图 2-3-68、运输交接单见图 2-3-69、运输温度记录单见图 2-3-70、药品实物见图 2-3-71 至图 2-3-74、收货记录表见图 2-3-75、验收记录表见图 2-3-76、拒收记录表见图 2-3-77。

操作步骤

同案例 1。

注意事项

同案例 1。

评价标准

同案例 1。

实训 1-8　冷链药品验收案例 6

背景资料

2021 年 7 月 7 日有一批从浙江 MY 医药有限公司采购的药品到货，收货员已经对药品完成收货。作为山东 HX 医药有限公司仓储部的验收员，请根据 GSP 和企业验收操作规程要求，完成本批药品的验收检查。供货单位印章印模备案样式、药品采购记录、随货同行单、药品质检报告等相关文件见材料准备。

材料准备（扫一扫）

印章印模备案样式见数字资源中图 2-3-78、随货同行单备案样式见图 2-3-79、随货同行单见图 2-3-80、药品质检报告见图 2-3-81 至图 2-3-84、运输交接单见图 2-3-85、运输温度记录单见图 2-3-86、药品实物见图 2-3-87 至图 2-3-90、收货记录表见图 2-3-91、验收记录表见图 2-3-92、拒收记录表见图 2-3-93。

操作步骤

同案例 1。

注意事项

同案例 1。

评价标准

同案例 1。

实训 1-8   冷链药品验收案例 7

背景资料

2021 年 8 月 7 日有一批从浙江 MY 医药有限公司采购的药品到货，收货员已经对药品完成收货。作为山东 HX 医药有限公司仓储部的验收员，请根据 GSP 和企业验收操作规程要求，完成本批药品的验收检查。供货单位印章印模备案样式、药品采购记录、随货同行单、药品质检报告等相关文件见材料准备。

材料准备（扫一扫）

印章印模备案样式见数字资源中图 2-3-94、随货同行单备案样式见图 2-3-95、随货同行单见图 2-3-96、药品质检报告见图 2-3-97 至图 2-3-100、运输交接单见图 2-3-101、运输温度记录单见图 2-3-102、药品实物见图 2-3-103 至图 2-3-106、收货记录表见图 2-3-107、验收记录表见图 2-3-108、拒收记录表见图 2-3-109。

操作步骤

同案例 1。

注意事项

同案例 1。

评价标准

同案例 1。

实训 1-8　冷链药品验收案例 8

背景资料

　　2021 年 11 月 11 日有一批从山东 YH 医药有限公司采购的药品到货，收货员已经对药品完成收货。作为山东 HX 医药有限公司仓储部的验收员，请根据 GSP 和企业验收操作规程要求，完成本批药品的验收检查。供货单位印章印模备案样式、药品采购记录、随货同行单、药品质检报告等相关文件见材料准备。

材料准备（扫一扫）

　　印章印模备案样式见数字资源中图 2-3-110、随货同行单备案样式见图 2-3-111、随货同行单见图 2-3-112、药品质检报告见图 2-3-113 至图 2-3-116、运输交接单见图 2-3-117、运输温度记录单见图 2-3-118、药品实物见图 2-3-119 至图 2-3-122、收货记录表见图 2-3-123、验收记录表见图 2-3-124、拒收记录表见图 2-3-125。

操作步骤

　　同案例 1。

注意事项

　　同案例 1。

评价标准

　　同案例 1。

实训 1-8　冷链药品验收案例 9

背景资料

　　2021 年 12 月 12 日有一批从山东 YH 医药有限公司采购的药品到货，收货员已经对药品完成收货。作为山东 HX 医药有限公司仓储部的验收员请根据 GSP 和企业验收操作规程要求，完成本批药品的验收检查。供货单位印章印模备案样式、药品采购记录、随货同行单、药品质检报告等相关文件见材料准备。

材料准备（扫一扫）

　　印章印模备案样式见数字资源中图 2-3-126、随货同行单备案样式见图 2-3-

127、随货同行单见图 2-3-128、药品质检报告见图 2-3-129 至图 2-3-132、运输交接单见图 2-3-133、运输温度记录单见图 2-3-134、药品实物见图 2-3-135 至图 2-3-138、收货记录表见图 2-3-139、验收记录表见图 2-3-140、拒收记录表见图 2-3-141。

操作步骤

同案例 1。

注意事项

同案例 1。

评价标准

同案例 1。

实训 1-9 验收异常情况处理

背景资料

如果你是一家医药公司的验收员，请根据 GSP 及验收操作规程要求简述在验收过程中出现以下异常情况应该如何处理？

1. 验收人员在药品验收时选择验收区域和验收设备

（1）验收区域的标识有误。

（2）验收区域的温度超出规定范围。

（3）验收区域的设备不符合要求。

2. 药品验收时，验收人员进行药品验收的时限选择

（1）一般药品验收时限过长。

（2）特殊药品验收时限过长。

3. 药品验收时，验收人员检验药品的合格证明文件

（1）药品检验报告书印章的检查，发现异常。

（2）验收实施批签发管理的生物制品时，查验文件发现异常。

（3）验收进口药品时，查验文件发现异常。

4. 药品验收时，验收人员如何对药品进行抽样

（1）整件药品存在破损、污染、渗液、封条损坏等包装异常的，需要如何处理。

（2）如果到货的是非整件药品时，需要如何处理。

5. 药品验收时，验收人员对抽样药品的外观、包装、标签、说明书等逐一进行检查、核对，发现不一致。

序号	评价内容	评价标准
1	验收区域和验收设备	药品待验区域及验收药品的设施设备,应当符合以下要求: 1.待验区域有明显标识,并与其他区域有效隔离 2.待验区域符合待验药品的储存温度要求 3.设置特殊管理的药品专用待验区域,并符合安全控制要求 4.保持验收设施设备清洁,不得污染药品 5.按规定配备药品电子监管码的扫码与数据上传设备
2	药品验收的时限选择	企业应当根据不同类别和特性的药品,明确待验药品的验收时限,待验药品要在规定时限内验收,验收合格的药品应当及时入库,验收中发现的问题应当尽快处理,防止对药品质量造成影响 "一般普通药品在一个工作日内验收完毕;冷藏、冷冻药品半个工作日验收完毕"
3	检验药品的合格证明文件	验收药品应当按照批号逐批查验药品的合格证明文件,对于相关证明文件不全或内容与到货药品不符的,不得入库,并交质量管理部门处理 1.按照药品批号查验同批号的检验报告书,药品检验报告书需加盖供货单位药品检验专用章或质量管理专用章原印章;从批发企业采购药品的,检验报告书的传递和保存,可以采用电子数据的形式,但要保证其合法性和有效性 2.验收实施批签发管理的生物制品时,有加盖供货单位药品检验专用章或质量管理专用章原印章的《生物制品批签发合格证》复印件 3.验收进口药品时,有加盖供货单位质量管理专用章原印章的相关证明文件: (1)《进口药品注册证》或《医药产品注册证》 (2)进口麻醉药品、精神药品以及蛋白同化制剂、肽类激素需有《进口准许证》 (3)进口药材需有《进口药材批件》 (4)《进口药品检验报告书》或注明"已抽样"字样的《进口药品通关单》 (5)进口国家规定的实行批签发管理的生物制品,有批签发证明文件和《进口药品检验报告书》 4.验收特殊管理的药品须符合国家相关规定
4	药品进行抽样	应当对每次到货的药品进行逐批抽样验收,抽取的样品应当具有代表性,对于不符合验收标准的,不得入库,并报质量管理部门处理

序号	评价内容	评价标准
4	药品进行抽样	1.对到货的同一批号的整件药品按照堆码情况随机抽样检查。整件数量在2件及以下的,要全部抽样检查;整件数量在2件以上至50件以下的,至少抽样检查3件;整件数量在50件以上的,每增加50件,至少增加抽样检查1件,不足50件的,按50件计 2.对抽取的整件药品需开箱抽样检查,从每整件的上、中、下不同位置随机抽取3个最小包装进行检查,对存在封口不牢、标签污损,有明显重量差异或外观异常等情况的,至少再增加一倍抽样数量,进行再检查 3.对整件药品存在破损、污染、渗液、封条损坏等包装异常的,要开箱检查至最小包装 4.到货的非整件药品要逐箱检查,对同一批号的药品,至少随机抽取一个最小包装进行检查
5	抽样药品的外观、包装、标签、说明书等逐一进行检查、核对	验收人员应当对抽样药品的外观、包装、标签、说明书等逐一进行检查、核对,出现问题的报质量管理部门处理 1.检查运输储存包装的封条有无损坏,包装上是否清晰注明药品通用名称、规格、生产厂商、生产批号、生产日期、有效期、批准文号、贮藏、包装规格及储运图示标志,以及特殊管理的药品、外用药品、非处方药的标识等标记 2.检查最小包装的封口是否严密、牢固,有无破损、污染或渗液,包装及标签印字是否清晰,标签粘贴是否牢固 3.检查每一最小包装的标签、说明书是否符合以下规定: (1)标签有药品通用名称、成分、性状、适应证或者功能主治、规格、用法用量、不良反应、禁忌、注意事项、贮藏、生产日期、产品批号、有效期、批准文号、生产企业等内容;对注射瓶、滴眼剂瓶等因标签尺寸限制无法全部注明上述内容的,至少标明药品通用名称、规格、产品批号、有效期等内容;中药蜜丸蜡壳至少注明药品通用名称 (2)化学药品与生物制品说明书列有以下内容:药品名称(通用名称、商品名称、英文名称、汉语拼音)、成分[活性成分的化学名称、分子式、分子量、化学结构式(复方制剂可列出其组分名称)]、性状、适应证、规格、用法用量、不良反应、禁忌、注意事项、孕妇及哺乳期妇女用药、儿童用药、老年用药、药物相互作用、药物过量、临床试验、药理毒理、药代动力学、贮藏、包装、有效期、执行标准、批准文号、生产企业(企业名称、生产地址、邮政编码、电话和传真) (3)中药说明书列有以下内容:药品名称(通用名称、汉语拼音)、成分、性状、功能主治、规格、用法用量、不良反应、禁忌、注意事项、药物相互作用、贮藏、包装、有效期、执行标准、批准文号、说明书修订日期、生产企业(企业名称、生产地址、邮政编码、电话和传真)

序号	评价内容	评价标准
5	抽样药品的外观、包装、标签、说明书等逐一进行检查、核对	（4）特殊管理的药品、外用药品的包装、标签及说明书上均有规定的标识和警示说明；处方药和非处方药的标签和说明书上有相应的警示语或忠告语，非处方药的包装有国家规定的专有标识；蛋白同化制剂和肽类激素及含兴奋剂类成分的药品有"运动员慎用"警示标识 （5）进口药品的包装、标签以中文注明药品通用名称、主要成分以及注册证号，并有中文说明书 （6）中药饮片的包装或容器与药品性质相适应及符合药品质量要求。中药饮片的标签需注明品名、包装规格、产地、生产企业、产品批号、生产日期；整件包装上有品名、产地、生产日期、生产企业等，并附有质量合格的标志。实施批准文号管理的中药饮片，还需注明批准文号 （7）中药材有包装，并标明品名、规格、产地、供货单位、收购日期、发货日期等；实施批准文号管理的中药材，还需注明批准文号 在保证质量的前提下，如果生产企业有特殊质量控制要求或打开最小包装可能影响药品质量的，可不打开最小包装；外包装及封签完整的原料药、实施批签发管理的生物制品，可不开箱检查 验收地产中药材时，如果对到货中药材存在质量疑问，应当将实物与企业中药样品室（柜）中收集的相应样品进行对比，确认后方可收货 验收人员应当负责对中药材样品的更新和养护，防止样品出现质量变异。收集的样品放入中药样品室（柜）前，应当由质量管理人员进行确认

项目二
药品储存与养护

任务一　药品储存管理

技能目标

1. 能按照 GSP 的要求实施仓库温湿度的管理。
2. 能正确实施一般药品的储存管理。
3. 能正确实施特殊管理药品的储存管理。
4. 能正确实施危险品的储存管理。
5. 能正确实施不合格药品的管理。
6. 能正确实施退货药品的管理。
7. 能正确实施重点养护品种的储存管理。

实训 2-1　医药物流仓库的温湿度管理

背景资料

　　某企业主要经营生物药品，配有三个医药物流独立冷库，冷库内配有相应的温湿度监测、显示、记录、调控、报警的设备；配有冷藏车及车载冷藏箱或保温箱等设备。

操作要求

　　1. 请根据背景资料，按评价标准要求介绍温湿度计使用方法、温湿度计的设置。

2.能正确检查、记录仓库温湿度。

3.能采取正确措施调控仓库温湿度。

4.会填写库房温湿度记录表（2-1）。

表 2-1　库房温湿度记录表

仓库号及类型：_____　　适宜温度范围：　～　℃　适宜相对湿度范围：35％～75％

日期	上　午								下　午							
	记录时间	气候	温度/℃	湿度/%	超标采取的控制措施	采取措施后		记录人	记录时间	气候	温度/℃	湿度/%	超标采取的控制措施	采取措施后		记录人
						温度/℃	湿度/%							温度/℃	湿度/%	
备注	气候栏内可填入相应符号:晴○　　阴×　　雨∵　　雪※　　大风△															

注意事项

1.温湿度控制对冷藏药品运输管理尤为重要，使用全程冷链是保证冷藏药品安全、有效的重要防控手段。

2.冷库温湿度检测设备的年度校验。

3.冷藏车及车载冷藏箱或保温箱的验证。

评价标准

评价内容	评价标准
温湿度计使用方法、设置、检查、记录及仓库温湿度的调控	正确介绍温湿度计的使用方法
	正确检查、设置仓库温湿度计的使用位置(操作认真、细致、熟练且操作方法得当)
	正确查看、记录仓库温湿度(记录规范工整、严谨细致、实事求是)
	根据仓库温湿度记录,能够正确调控仓库温湿度
	仓库设备管理要求做到"有条不紊、使用方便、精心养护、检修及时、不丢不损、购置有计划、领取有手续、设备专人管、职责分明、账物相符"

实训 2-2　一般药品的储存管理

背景资料

某 A 医药公司，经营药品的类别为临床常用国家基本药物，配有 $500m^2$ 人工作业的库房，库房内配有与 GSP 规定相适应的设备和设施。

操作要求

1. 将给定的药品按照 GSP 储存管理要求进行合理储存。
2. 能根据药品质量状态正确实行色标管理。
3. 能按照 GSP 储存管理要求实施药品的搬运和堆码管理。

注意事项

1. 储存药品库房的相对湿度为 $35\%\sim75\%$。
2. 储存药品的货架、托盘等设施设备应当保持清洁，无破损和杂物堆放。
3. 未经批准的人员不得进入储存作业区，储存作业区内的人员不得有影响药品质量和安全的行为。

评价标准

评价内容	评价标准
一般药品的储存管理	按照药品的贮藏要求进行储存
	按实际质量状态实行色标管理，合格药品为绿色，不合格药品为红色，待确定药品为黄色
	根据药品储存要求正确采取避光、遮光、通风、防潮等措施
	将药品按品种、批号堆码，不同批号的药品不得混垛。正确执行 GSP 规定的堆码要求(垛间距不小于 5cm，与库房内墙、顶、温度调控设备及管道等设施间距不小于 30cm，与地面间距不小于 10cm)
	搬运和堆码药品应当严格按照外包装标示要求规范操作，堆码高度符合包装图示要求(无高度要求的堆垛一般不超过 2m)，保证药品包装的完好
	拆除外包装的零货药品能够按照 GSP 要求集中存放
	外用药品单独存放，与其他药品分库或分区储存
	容易串味、性质相互影响的药品分开存放
	品名、外包装相似，容易混淆的药品分开存放

实训 2-3　特殊管理药品的储存管理

现收到一批从某公司发来的特殊管理药品，根据随货同行单上药品的内容，将该特殊管理药品放至规定的印刷特殊管理药品标志的图标区域，并说出该药品的储存管理要求。

材料准备

1.印刷特殊管理药品标志的图标，见图 2-1。

图 2-1　特殊管理药品标志

2.药品信息如下。

序号	品名	商品规格	生产厂家全称	产品批号	有效期至	贮藏条件
1	注射用盐酸瑞芬太尼	2mg×5 瓶	宜昌人福药业有限责任公司	6180804	2023.01	2～25℃遮光密闭保存
2	地西泮片	2.5mg×100 片	山东省平原制药厂	210401	2023-3-31	密闭保存
3	注射用 A 型肉毒毒素	每瓶含 A 型肉毒毒素 50 单位(U)、100 单位(U)	兰州生物制品研究所有限责任公司	20210701	2023-06-30	2～8℃冷藏
4	三唑仑	1mg×24 片	湖南洞庭药业股份有限公司	20201225	2022-12-24	25℃以下避光保存

操作步骤

1.查看随货通行单药品资料，分辨药品的类型。

2.把该药品的随货同行单摆放到属于此药品类型的图标区域。

3.能采取正确措施调控仓库温湿度。

4.说出随货同行单上该药品的储存养护方式。

注意事项

1.明辨特殊管理药品。

2.分清各类型特殊管理药品的储存与养护的要求。

序号	评价内容	评价标准
1	认识分辨特殊管理药品	1.正确说出特殊管理药品的名称 2.正确识别特殊管理药品的标志 3.正确放至该特殊管理药品的固定区域:1号为麻醉药品;2号为第二类精神药品;3号为医疗用毒性药品(且需冷藏);4号为第一类精神药品
2	说出特殊管理药品的储存与养护的要求	1.能区分不同类型特殊管理药品的储存管理要求 2.正确说出该药品储存与养护的要求,均应实行双人双锁管理;1号为麻醉药品;4号为第一类精神药品,除实行双人双锁管理外,还要安装专用防盗门,具有相应的防火设施,具有监控设施和报警装置,报警装置应当与公安机关报警系统联网;3号为需冷藏的医疗用毒性药品,在冷藏条件下存放;2号为第二类精神药品

实训 2-4　危险品的储存管理

背景资料

　　某企业现有一批危险品,根据危险品的名称,将危险品放至规定的印刷危险品标志的图标区域,正确说出制作危险品安全警示牌。

材料准备

　　1.带有名称标签的危险品空瓶。

　　2.印刷危险标志的图标(图 2-2)。

| 爆炸品标志 | 易燃气体标志 | 不燃气体标志 |

| 有毒气体标志 | 易燃液体标志 | 易燃固体标志 |

图 2-2　危险标志

3.危险品安全警示标志。

1.将给定的药品按照 GSP 储存管理要求进行合理储存。

2.认识危险品的标志，并正确摆放。

3.正确制作危险品储存安全警示牌（表 2-2）。

表 2-2　危险品储存安全警示牌

危险品储存安全警示牌	
危险品名称：	危险类别：
	安全措施：

注意事项

1.危险品的储存管理直接影响库房管理的安全性，应按照危险品的安全管理要求进行储存。

2.危险的标准分类。

3.安全生产。

评价标准

序号	评价内容	评价标准
1	分辨危险品的类别	正确识别危险品的类别并按其贮藏要求进行储存
2	认识危险品的警示标志	正确识别危险品的警示标志
3	制作危险品的安全警示牌	正确制作危险品的安全警示牌
4	安全生产意识	具有安全生产的意识

实训 2-5　不合格药品的管理

背景资料

某制药厂生产的蜜炼川贝枇杷膏因库内保管员操作失误，导致 4 盒破损，采购员与厂家沟通后决定做不合格药品报损处理，并已经完成不合格药品报损处理流程，现根据有关要求完成不合格药品管理的相应内容。

材料准备

不合格药品管理台账、药品销毁记录表。

操作步骤

1.保管员对不合格药品进行报告并移至规定区域，建立"不合格药品台账"（表 2-3）。

表 2-3　不合格药品台账

日期	品名	生产企业	单位	数量	不合格原因	不合格项目	采购人	处理意见	处理情况	备注

仓库负责人：　　　　　　　　　　　　　　　　　　　　　　　储运员：

2.将不合格品药品按照不合格药品管理制度的规定报损后，完成相应的报损药品销毁记录（表 2-4）。

表 2-4　报损药品销毁记录

填报人：　　　　　　　　　　　　　　　　　　　　　　年　月　日

品名	单位	数量	生产单位	报损原因	销毁时间

3.不合格药品处理完成后，整理库房，并归档各项记录。

注意事项

1.不合格药品的管理是药品质量控制的重要环节。

2.不合格药品要建立不合格药品台账。对不合格药品进行严格控制，防止出现质量事故。

序号	评价内容	评价标准
1	不合格药品存放	正确将不合格药品存放至不合格药品区域
2	不合格药品台账	正确填写不合格药品台账
3	销毁记录	正确填写不合格药品销毁记录
4	台账整理	整理台账迅速准确

实训 2-6　退货药品的管理

背景资料

2021 年 6 月 3 日开给某地第三人民医院 72 盒某制药有限公司生产的骨化三醇软胶囊，因为业务员开错品种需要做退货，货已送到并被拒收，现保管员需根据要求完成相应的退货药品管理。

材料准备

1.相关药品。

2. "合格品" "不合格品" "退货品" "待验品"。

1. 保管员将药品收货并放置退货药品区域。

2. 业务员根据退货内容填写退货申请单（表2-5）。

表 2-5　退货申请单（预先填好）

年　　月　　日

退货单位：			退货日期：		
药品名称	单位	数量	生产企业	退货原因	申请人

3. 保管员将收到的退货药品与退货申请单进行核对，验收员根据验收流程完成验收操作，并完成退回药品验收记录（表2-6）。

表 2-6　销后退回药品验收记录

年　　月　　日　　　　　　　　　　　　　　　编号：

到货日期	药品名称	单位	数量	退货单位	生产厂家	质量状况	验收结论	验收员

4. 将验收完的商品移至相应区域，做好销后退回药品台账（表2-7）。

表 2-7　销后退回药品台账

序号	日期	退货单位	品名	生产企业	单位	数量	退货原因	验收结果	处理结果	经办人	备注

注意事项

1. 销后退回药品要严把质量关。

2. 认真做好退货记录，确保退货药品的可追溯性。

评价标准

序号	评价内容	评价标准
1	退货商品收货入库	能正确放置于退货区
2	填写退货申请单	能根据退货商品填写退货申请单

序号	评价内容	评价标准
3	退货药品的验收	1.正确实施退货药品验收 2.能正确填写退货药品验收记录
4	退货验收药品移库	正确将验收完的药品根据验收结果移至相应库区
5	销后退回台账	正确填写销后退回台账

实训 2-7　重点养护品种的储存管理

背景资料

　　某大型医药公司的药品经营范围：中药饮片、中成药、化学药制剂、抗生素、生化药品、生物药品、蛋白同化制剂、肽类激素、麻醉药品、一类精神药品、二类精神药品、毒性中药材等。重点养护品种一般包括有特殊储存要求及效期较短的品种，请将给定的药品进行储存管理。

序号	品名	商品规格	生产厂家全称	产品批号	有效期至	储藏条件
1	复方嗜酸乳杆菌片	12 片	通化金马药业集团股份有限公司	202010140482	2022-09	遮光。密封,在凉暗干燥处(避光并不超过 20℃)保存
2	藿香正气水	10ml/支×10 支	四川依科制药有限公司	202101	2023-02	密封
3	劳拉西泮片	1mg×24 片	湖南洞庭药业股份有限公司	205528	2023-03-31	25℃以下避光保存
4	川贝清肺糖浆	100ml	江西铜鼓仁和制药有限公司	20191111	2022-10	密封,置阴凉(不超过 20℃)处
5	重组人干扰素 α-2b 喷雾剂(假单胞菌)	20ml:200 万国际单位(240 喷)/瓶	天津未名生物医药有限公司	JB200505	2022-05-17	密闭,2～10℃ 避光保存
6	风油精	6ml/瓶	浙江景岳堂药业有限公司	C01B19014	2023-03	密闭,置阴凉处(不超过 20℃)
7	盐酸美沙酮片	10mg×6 片×1 板	天津市中央药业有限公司	04720180	2023-04-12	密闭保存
8	麻杏止咳片	10 片/板×2 板/盒	吉林省长恒药业有限公司	20190401	2022-03	密封
9	艾司奥美拉唑肠溶胶囊	20mg×7 粒/板/盒	重庆莱美药业有限公司	G200816	2023-01	遮光、密封、冷处(2～10℃)保存
10	过氧化氢溶液	3%	广东恒健制药有限公司	200884	2023-02-21	避光,密闭(10～30℃)保存

1.根据药品的质量特性及 GSP 储存管理要求，将给定的药品进行合理储存。按包装标示的温度要求储存药品，当温湿度超过规定范围时，采取调控措施，并记录。

2.能正确介绍重点养护药品实行分库（区）、分类管理。

3.能正确介绍重点养护品种储存管理过程，检查时间和方法，药品检查的内容。

4.能正确介绍重点养护药品储存温湿度指标、堆码要求。

注意事项

1.温湿度是影响药品质量的重要因素，要重点检查温湿度。

2.库房色标分区管理是储存管理的重要内容，重点检查分区标志是否清晰明确。对于计算机管理的自动出入库库房，重点检查实际操作时是否有必要的措施防止发出错误指令。

3.药品储存管理禁止混垛或混放情况发生。

评价标准

评价内容	评价标准
重点养护品种的储存管理	正确识别重点养护品种。2,3,5,6,7,9,10
	按包装标示的温度要求储存药品。特殊药品库 3、7,冷库 5、9,常温库 2、8,阴凉库 1、4、6,危险品库 10
	药品与非药品、外用药与其他药品分开存放
	按 GSP 要求,正确储存特殊管理药品
	正确按质量状态实行色标管理
	拆除外包装的零货药品应当集中存放
	采取正确储存防护措施
	堆码符合要求。危险品库内堆垛应稳固,不宜过高、过密,堆垛之间和堆垛与墙壁之间应留出一定距离。堆垛面积要求:一级危险品不得超过 $40m^2$,一般危险品不得超过 $80m^2$,应按照公安部门核定的储存量储存。库内有通风降温设备,或在适当高度装有通风管。经常检查包装容器是否严密。防日晒,存放于避光阴凉处
	储存卫生与环境管理符合要求
	门禁与安全储存管理符合要求

任务二　药品养护

1.能正确实施重点养护品种的养护。

2.能正确制定药品养护计划。

3.能正确实施药品养护检查。

4.能进行养护检查异常情况处理。

5.能正确制作近效期药品报表。

实训 2-8　重点养护品种确定

背景资料

某大型医药公司的药品经营范围：化学药制剂、抗生素、生化药品、生物药品、蛋白同化制剂、肽类激素、麻醉药品、一类精神药品、二类精神药品、毒性中药材等。

请根据药品的质量特性及 GSP 储存养护管理要求，将给定的药品依据药品的性质及其变化规律、市场流转情况、药品质量动态，并结合季节气候、贮存环境和时间长短等因素，确定重点养护的品种。

序号	品名	商品规格	生产厂家全称	产品批号	有效期至	储藏条件
1	扶济复（重组人碱性成纤维细胞成长因子凝胶）	25000IU/支	北京双鹭药业股份有限公司	20191226	2022-12-25	冷藏 2～8℃
2	吗丁啉（多潘立酮片）	10mg×30 片	西安杨森制药有限公司	180706 B0420	2023-07-05	遮光、密封保存
3	地衣芽孢杆菌活菌胶囊	0.25g×20 粒	东北制药集团沈阳第一制药有限公司	20201223	2022-12-22	室温下避光、干燥处保存
4	九阶人乳头瘤病毒疫苗	0.5ml/支	MSD Ireland（Carlow）	S039088	2022-12-12	2～8℃ 避光保存，不可冷冻
5	枸橼酸咖啡因注射液	1ml：20mg	山西国润制药有限公司	180328-2	2022-03-27	30℃ 以下避光，密闭保存
6	盐酸哌替啶注射液	2ml：100mg	青海制药厂有限公司	057202013	2022-12-03	密闭保存
7	高锰酸钾外用片	0.1g×24 片	济南康福生制药有限公司	200802	2022-07-01	密封保存

序号	品名	商品规格	生产厂家全称	产品批号	有效期至	储藏条件
8	硝酸毛果芸香碱滴眼液	5ml:100mg	天津金耀集团河北永光制药有限公司	20200701	2022-06-30	遮光,密闭,在凉暗处保存
9	双歧杆菌三联活菌胶囊	0.21g×36 粒	上海信谊药厂有限公司	047201919	2022-04-17	2～8℃ 避光保存
10	维生素 C 片	0.1g	天津力生制药股份有限公司	75200103	2022-06-02	避光密封

操作要求

1. 请根据背景资料，按评价标准要求填写重点养护品种档案表。

2. 请根据背景资料，按评价标准要求填写重点养护品种确认表。

注意事项

1. 重点养护的具体品种应由养护员按年度制定及调整，报质量管理部门审核后实施。

2. 对近效期药品、麻醉药品、精神药品、医疗用毒性药品、放射性药品等特殊管理药品，要重点进行检查。

3. 重点养护品种在检查过程中发现有问题的，应当及时锁定和记录，并通知质量管理部门处理。

评价标准

评价内容	评价标准
重点养护品种确定	正确介绍重点养护品种确定的原则。1、4、5、6、7、9、10
	正确填写重点养护品种档案表
	正确填写重点养护品种确认表(确定时间、确定理由、养护重点)。1:特殊储存条件＋蛋白同化制剂。4、9:特殊储存条件。5:麻醉药品。6:精神药品。7:危险品。10:易氧化

实训 2-9　药品养护计划制定

背景资料

某大型医药公司的药品经营范围：化学药制剂、抗生素、生化药品、生物药品、蛋白同化制剂、肽类激素、麻醉药品、一类精神药品、二类精神药品、毒性中药材等。

请根据药品的质量特性及 GSP 储存养护管理要求，将给定的药品依据药品的性质及其变化规律、市场流转情况、药品质量动态，并结合季节气候、贮存环境和时间长短等因素，养护员根据本年度养护工作分析，确定重点养护品种和常规养护品种，制定下年度养护计划。

序号	品名	商品规格	生产厂家全称	产品批号	有效期至	储藏条件
1	氨酚伪麻那敏口服溶液	150ml	东北制药集团沈阳第一制药有限公司	195528	2022-08-31	20℃以下储藏
2	双黄连口服液	10ml×10 支	哈药集团三精制药股份有限公司	2001122	2023-12-31	密封，避光，置阴凉处（不超过20℃）
3	鲑降钙素注射液	1ml：8.3μg (50IU)/支	北京双鹭药业股份有限公司	047202 00425	2022-4-12	于 2～8℃ 避光保存
4	地西泮片	2.5mg×100 片	山东省平原制药厂	6180804	2022-11-30	密闭保存
5	奥美拉唑镁肠溶片	20mg×14 片	山东罗欣药业股份	618051014	2022-09-27	密封，25℃以下保存
6	吗丁啉（多潘立酮片）	10mg×30 片	西安杨森制药有限公司	180706 B0420	2023-07-05	遮光、密封保存
7	维生素 C 片	0.1g×100 片	天津力生制药股份有限公司	75200103	2023-06-02	避光密封
8	高锰酸钾外用片	0.1g×24 片	济南康福生制药有限公司	200802	2022-07-01	密封保存
9	美宝湿润烧伤膏	10g/支	汕头市美宝制药有限公司	19012554	2023-12-31	密封、阴凉干燥处（不超过20℃）保存
10	注射用盐酸瑞芬太尼	2mg×5 瓶	宜昌人福药业有限责任公司	6180804	2023-01-30	2～25℃遮光密闭保存

操作要求

1.请根据背景资料，制定药品养护工作计划，检查控制在库药品的储存条件，定期检查药品质量，对发现的问题及时采取有效的处理措施。

2.请根据背景资料，按评价标准要求列出重点养护品种和常规养护品种。

3.请根据背景资料，按评价标准要求列出养护过程质量检查的时间和方法。

4.对养护中发现的质量问题进行处理，对养护的药品质量状况进行准确的记录，建立药品养护档案。

注意事项

1. 根据库房条件、外部环境、药品质量特性等，对药品进行养护。坚持预防为主、消除隐患的原则，开展养护工作。

2. 指导和督促仓库人员对药品进行合理储存与作业。

3. 对库房内卫生环境，药品储存设施设备的适宜性，药品避光、遮光、通风、防潮、除湿、防虫、防鼠、防鸟等措施的有效性，安全设施的运行状态进行检查和调控，并记录。

4. 每天对库房温湿度进行检测和调控，药品储存环境温湿度超出规定范围时，应当及时采取有效措施进行调控，防止温湿度超标对药品质量造成影响。

5. 根据养护计划，对库存药品进行有序、合理的养护。

6. 验收入库药品应在入库后 3 个月进行第一次库存药品的检查。对重点养护品种每个月检查一次。

评价标准

评价内容	评价标准
药品养护计划制定	分析本年度养护工作,正确介绍各库房的养护计划、重点养护品种管理的具体情况
	对近效期药品填报"近效期药品催销表",对所储存药品的有效期实施动态监控,按月汇总、生成"近效期药品催销表"
	能正确根据年度养护工作分析、药品入库时间、生成养护品种,制定下一年度养护计划,录入养护的起始日期和结束日期,录入养护员、养护重点、备注等信息
	定期检查药品储存条件及药品质量
	按季度定期汇总分析药品养护质量信息
	建立药品养护档案
	确定常规养护品种和重点养护品种,生成养护记录
重点养护品种	1,3,4,7,8,10
常规养护品种	2,5,6,9

实训 2-10　药品养护检查（检查项目、养护记录填写）

背景资料

某企业现有一批阿莫西林胶囊在仓库储存，请根据 GSP 相关要求，在 15min 内完成阿莫西林胶囊养护检查项目操作并填写养护检查记录。

1.检查阿莫西林胶囊在仓库储存情况是否符合 GSP 及《仓储保管制度》的有关规定。

2.及时了解阿莫西林胶囊在库储存的质量变化，以便于采取相应的养护措施。

3.熟悉阿莫西林胶囊在库储存的储存养护要求，并具备简单的质量鉴别实践操作能力。

4.能正确填写药品养护检查记录。

5.能正确判定阿莫西林胶囊库内储存情况，如色标管理、分类、分区、堆码、间隔、距离等是否符合 GSP 要求。

操作步骤

步骤一　清洁检查

1.检查货架是否破损、有无杂物。

2.检查货架、地面是否清洁。

3.检查是否有与药品无关的物品。

步骤二　安全检查

1.检查门锁是否牢固。

2.检查监控系统是否正常开启。

步骤三　温湿度检查

1.检查温湿度是否符合规定。

2.检查温湿度是否定期监测。

步骤四　药品质量检查

1.检查药品外包装是否污染和破损，说明书是否齐全。

2.检查药品外包装是否有黏结、变形、发霉等现象。

3.检查是否采取避光、遮光、通风、防潮、防虫、防鼠等措施。

步骤五　药品养护检查记录的填写

药品养护检查记录表见表 2-8。

表 2-8　药品养护检查记录

序号	检查日期	品名	规格型号	数量	生产企业	生产批号	有效期	存放地点	外观及包装质量情况	处理意见	备注

1.根据药品在库保管过程中药品质量是否发生变化来进行质量检查工作。

2.养护检查，必须经常和定期进行在库检查工作。

3.通过检查，及时了解药品的质量变化，以便采取相应的防护措施。

评价标准

评价内容	评价标准
清洁检查	正确检查货架、地面的清洁卫生
安全检查	正确检查门锁、监控系统
温湿度检查	正确检查仓库的温湿度，能够正确调控仓库温湿度
质量检查	正确检查外观、外包装、药品是否有黏结、变形、发霉等现象
养护记录填写	正确填写药品养护检查记录

实训 2-11　养护检查异常情况处理

背景资料

某企业养护人员针对两批药品，分别为小儿氨酚黄那敏颗粒和红霉素软膏做在库养护检查，针对其外包装、储存分区分类、仓库温湿度及相关质量问题做好异常情况的处理工作。

操作要求

1.请根据背景资料，按评价标准要求指出相关药品有可能存在的异常情况。

2.能针对药品养护检查出现的异常情况，做出准确判断。

3.能针对异常情况采取正确措施。

注意事项

检查药品在库储存情况是否符合 GSP 要求，做好异常情况的判断、处理以及分析。

评价标准

评价内容	评价标准
色标分区分类合理性	检查判断药品的分区、分类是否正确,内服药和外用药分开存放,完成正确分类

评价内容	评价标准
仓储温湿度监测	检查温湿度是否符合药品储存的适宜条件,出现问题时应采取相应的调控措施
按批号堆码检查	检查药品存放位置,有无按批号存放,出现问题时应采取相应的调控措施
药品外观、包装检查	检查外包装有无破损、污染等,有问题时应及时报质量管理部门处理
质量可疑药品处理	检查药品质量,发现质量可疑时应悬挂黄色标志牌,并暂停发货,同时通知质量管理部门复查
近效期检查	检查药品有效期是否临近,临近有效期的药品应悬挂近效期标识,同时报质量管理部门处理
有效期检查	检查发现超过有效期的药品应存入不合格品区,同时报质量管理部门处理

实训 2-12　近效期药品报表

背景资料

2021 年 9 月 1 日,某药品仓库现有药品品种 10 种,请按照 GSP 要求的检查方法进行质量检查,重点检查有无近效期药品,若有,请填写近效期药品报表,并对近效期药品进行准确处理。

序号	品名	商品规格	生产厂家全称	产品批号	有效期至	储藏条件	剩余库存（盒）
1	肠炎宁片	12 片×2 板	江西康恩贝中药有限公司	87778790	2022-1-25	密封保存	8
2	阿奇霉素胶囊	0.25g×6 粒	葵花药业集团股份有限公司	61805101	2022-10-27	密封,不超过 20℃干燥处保存	12
3	地西泮注射液	2ml:10mg×10 支	天津金耀药业有限公司	195528	2023-03-31	遮光密闭保存	2
4	999 感冒灵颗粒	10g×9 袋	华润三九医药股份有限公司	180703	2021-12-25	密封保存	5
5	脊髓灰质炎灭活疫苗	0.5ml/支	SANOFI PAS-TEUR	1900021	2023-01-31	2～8℃ 避光保存。严禁冷冻	2
6	美宝湿润烧伤膏	10g/支	汕头市美宝制药有限公司	19012554	2022-12-31	密封、阴凉干燥处（不超过 20℃）保存	2

序号	品名	商品规格	生产厂家全称	产品批号	有效期至	储藏条件	剩余库存（盒）
7	双歧杆菌三联活菌胶囊（培菲康）	0.21g×30粒	上海上药信谊药厂有限公司	04720180	2022-2-12	2～8℃避光保存	1
8	注射用盐酸瑞芬太尼	2mg×5瓶	宜昌人福药业有限责任公司	6180804	2022-01-30	2～25℃遮光密闭保存	3
9	人凝血因子Ⅷ	200IU/瓶	华兰生物工程股份有限公司	190213	2024-02-13	2～8℃避光保存	16
10	消毒酒精	500ml/瓶	江苏德鲁克生物科技有限公司	20200120	2022-12-02	避光干燥通风，远离明火热源	30

操作要求

1.请根据背景资料，能准确发现近效期药品品种，并填写近效期药品登记表（表2-9）。

表 2-9　近效期药品登记表

日期：　　年　月　日　　　　　　　　填报部门：　　　　　　填报人：

通用名	商品名	规格	生产企业	批号	有效期至	距失效期时间	现存量

2.能对近效期药品进行正确的处理，填写近效期药品催销报表（表2-10）。

表 2-10　近效期药品催销报表

仓库号：　　　　　　　　　　　　　　　　　　　　　年　　月　　日

品名	规格	单位	数量	件数	批号	有效期	货位号	生产企业

保管员：　　　　　　　　　　　　　　　　　　仓库负责人：

1.药品有效期关系药品质量，务必重视。

2.企业应采用计算机系统对库存药品的有效期进行自动跟踪和控制，采取近效期预警及超过有效期自动锁定等措施，防止过期药品销售。

评价标准

评价内容	评价标准
近效期药品确定	在质量检查中及时发现近效期药品（距有效期少于 6 个月）
近效期药品处理操作	及时填报近效期药品报表、近效期药品催销表并将其送至相应的部门
	张贴近效期药品警示卡
	超过有效期药品，立即停止销售，并移至不合格药品区，并按"不合格药品管理制度"进行处理

任务三　库存管理

技能目标

1.能正确实施药品在库盘点。

2.能正确实施药品盘点后处理。

3.能正确实施异常库存情况处理。

4.能正确实施仓储成本核算。

5.能正确实施仓储作业绩效考核。

实训 2-13　药品在库盘点

背景资料

某药品仓库现有药品品种 50 种，为了加强药品资产管理，掌握库存情况，请按照对账式盘点的方法进行盘点。

操作步骤

1.发起盘点申请，确定盘点时间及盘点方案。

2.初盘信息录入，包括药品通用名称、批号、规格、生产厂家、数量等信息。

3.复盘信息录入：主要针对初盘有差异的药品信息，再次核对后录入相应信息。

4.盘点总结及分析。

1.盘点库存药品，包括合格品库（区）、待验库（区）、不合格品库（区）的全部库存，应分别记录盘点情况。

2.盘点工作中务必认真、仔细。

评价内容	评价标准
发起盘点申请	根据企业要求,在拟盘点之前发起盘点申请
初盘信息录入	仔细核对需盘点药品的信息,并进行录入
复盘信息录入	对初盘有差异的药品,进行再次核对,并确定各信息录入的准确性
盘点总结及分析	进行盘点总结及分析,若有问题及时查找原因

实训 2-14　药品盘点后处理案例 1

某药品仓库现有药品品种 50 种，已进行了对账式盘点，有 5 种药品品种出现计算机库存数量与实货有差异的情况（表 2-11），请查找原因并处理。

表 2-11　盘点表

日期：　　　　　　　　　　制表人：

货位	品名	批号	规格	上市许可持有人/生产企业	包装	实盘数量	库存数量	盘点差异描述
CY-01-02-A1	六味地黄丸	200911	每瓶装 120 丸	北京同仁堂科技发展股份有限公司制药厂	100	80 盒	79 盒	多 1
CY-15-01	合生元益生元冲剂	200723	1.5g×48 袋	合生元(广州)健康产品有限公司	100	5 件	6 件	少 1
CY-08-05-B2	氯沙坦钾氢氯噻嗪片(海捷亚)	210056	100mg/12.5mg×7 片	杭州默沙东制药有限公司	200	3 件	4 件	少 1
CY-08-08-A2	非那雄胺片(保列治)	210065	5mg×10 片	杭州默沙东制药有限公司	200	4 件	5 件	少 1
CY-11-09-C6	复方苯甲酸酊	210032	150ml	厦门美商医药有限公司	120	20 盒	18 盒	多 2

1. 分析差异原因。

2. 填报药品报溢单/报损单（表2-12、表2-13）。

表 2-12　药品报溢单

日期	药品名称	剂型	规格	数量	批号	有效期	生产企业	报溢原因

表 2-13　药品报损单

日期	药品名称	剂型	规格	数量	批号	有效期	生产企业	报损原因

3. 药品报溢单/报损单审核。

4. 后续处理。

注意事项

1. 报溢业务执行后，相应药品品种库存数量及库存金额将增加。

2. 报损业务执行后，相应药品品种库存数量及库存金额将减少。

3. 盘点并处理后，库存药品品种应为账货相符的状态。

评价标准

评价内容	评价标准
盘点差异原因分析	1. 实货＞计算机系统库存数量＝报溢处理 2. 实货＜计算机系统库存数量＝报损处理 3. 破损、过期失效、质量有问题＝报损处理
填报药品报溢单/报损单	根据实际情况，选择合适的单据进行填写
药品报溢单/报损单审核	交由仓储部负责人审查，有质量问题的经质量部负责人审核签字，企业分管领导或者企业负责人审批签字
后续处理	1. 药品报溢单/报损单审核通过后，在计算机系统中，对相应药品的差异信息进行修改 2. 报损药品品种移入不合格品区，登记不合格药品台账，由仓储部同有关部门集中销毁，并做好销毁记录

实训 2-14　药品盘点后处理案例 2

某药品仓库现有药品品种 50 种，已进行了对账式盘点，有 5 种药品品种出现计算机库存信息与实货有差异的情况（表 2-14），请查找原因并处理。

表 2-14　盘点表

日期：　　　　　　制表人：

货位	品名	批号	规格	上市许可持有人/生产企业	包装	实盘数量	库存数量	盘点差异描述
CY-01-02-A1	六味地黄丸	200911	每瓶装 120 丸	北京同仁堂科技发展股份有限公司制药厂	100	81 盒	81 盒	
CY-15-01	合生元益生元冲剂	200723	1.5g×48 袋	合生元(广州)健康产品有限公司	100	5 件	5 件	
CY-08-05-B2	氯沙坦钾氢氯噻嗪片(海捷亚)	210056	100mg/12.5mg×7 片	杭州默沙东制药有限公司	200	3 件	4 件	商品共 4 件,其中 1 件为非那雄胺片(保列治)
CY-08-08-A2	非那雄胺片(保列治)	210065	5mg×10 片	杭州默沙东制药有限公司	200	5 件	5 件	
CY-11-09-C6	复方苯甲酸酊	210032	150ml	厦门美商医药有限公司	120	20 盒	20 盒	

操作步骤

1. 分析差异原因。
2. 如何处理差异。

注意事项

1. 盘点业务执行后，相应药品品种库存数量要及时调整。
2. 分析原因，找出差异发生的根本原因，联系业务部门进行处理。
3. 盘点并处理后，库存药品品种应为账货相符的状态。

评价内容	评价标准
盘点差异原因分析	1.差异库位周边货位药品盘点结果 2.周边库位有无相似包装或同一厂商的药品 3.找出其关联性,确定差异原因
后续处理	1.将盘点差异的药品隔离放置 2.联系相应部门,协调处置 3.根据处理结果,调整库存药品品种应为账货相符的状态

实训 2-15　医药商品异常库存情况处理

背景资料

某医药企业库管员在 1 号药品库日常检查时,发现一箱药品外包装受污染并有异常响动。

操作要求

1.根据背景资料,按评价标准复核该异常药品。

2.将该异常药品在计算机系统中锁定,暂停发货,及时报告质量管理部进行核实处理。

3.质量管理部接到发现药品质量问题的通知后,应立即派人员到仓储现场进行复查核实。经复查核实若不存在质量问题,则应解除锁定,恢复正常发货出库。

4.经复查核实若质量异常问题暂不能确定时,应抽样送药品检验机构进行内在质量检验,同时应对已销出药品进行质量追踪,签发暂停销售(使用)通知书,传真通知有关顾客。

5.经检验不存在质量问题,应解除锁定,恢复正常发货出库,并同时签发解除停售通知书,传真通知有关顾客恢复销售(使用)。

6.若经检验质量有问题,则按《不合格药品管理规定》对在库的该批号药品进行标识与处理。

注意事项

1.药品在库储存时应当仔细检查是否有以下情况:a.药品包装出现破损、污染、封口不牢、衬垫不实、封条损坏等问题;b.包装内有异常响动或液体渗漏;c.标签脱落、字迹模糊不清或者标识内容与实物不符;d.药品已超过有效期;e.其他异常情况。

2.应做好药品在库储存检查异常情况的记录，并及时报告质量管理部门。

评价标准

序号	评价内容	评价标准
1	药品复核	核对药品批号、规格、生产日期、有效期、生产厂家、数量、质量等
2	填写复核单	1.填写复核单据 2.检查复核单据填写信息是否准确 3.正确操作锁定程序
3	上报质量管理部	1.上报质量管理部门 2.现场复查 3.确认不合格药品
4	对药品进行标识和处理	1.熟知《不合格药品管理规定》 2.对不合格药品正确进行标识和处理

实训 2-16　仓储成本核算

背景资料

江苏省某药厂假设只生产一种药品，每生产一件该药品需 A 原料 12 盒，假定公司每年生产该药品 15 万件，A 原料的每次订货费用为 1000 元，每盒原料的年储存保管费用为 1 元。

操作要求

1.根据背景资料，确定 A 原料最佳采购批量为 60000 盒。计算该公司的存货总成本是多少（不包括买价）？

2.确定每年订货多少次最经济合理？

3.若预计每天最大耗用量为 6000 件，从提出订货到收到订货的时间间隔为 10 天，那么安全储备量以及订货点是多少（每年按照 360 天进行计算）？

注意事项

1.掌握医药商品仓储成本控制方法，理解它的重要作用。

2.重点掌握安全库存法。即对于某种物料或产品，由于生产或销售的原因而逐渐减少，当库存量降低到某一预先设定的点时，开始发出订货单（采购单或加工单）来补充库存，直至库存量降低到安全库存时，发出的订单所定购的物料（产品）刚好到达仓库，补充前一时期的消耗订货的数值点，称为订货点。

评价内容	评价标准
医药商品仓储成本控制方法、计算公式、成本控制要素含义及正确计算订货成本	正确理解医药商品仓储成本控制方法
	正确理解背景资料,找出相关数据
	正确使用医药商品仓储成本控制中安全库存法计算公式
	根据背景资料和计算公式,能够正确回答所提问题

实训 2-17　仓储作业绩效考核

背景资料

为加强企业内部管理,落实岗位职责,实施仓库设施设备的现代化改造,降低仓储成本,提高仓储经济效益,进而提高仓储管理水平,医药企业需要制定仓储作业绩效考评标准,规范仓储工作人员工作质量,统一管理。

操作要求

1.请根据医药企业仓储作业基本流程,制定出仓储作业绩效考评标准。

2.该标准必须符合 GSP 对仓储作业人员的工作要求。

注意事项

绩效管理,顾名思义是解决让无形资产有效的创造价值的问题,它针对的是知识、技能和人的管理。绩效管理强调的是对过程的监控,通过对行动过程中各项指标的观察与评估,保证战略目标的实现。仓储工作绩效考核,不是基于目标的管理,而是基于事实的管理。

评价标准

评价内容	评价标准
仓储作业绩效考评标准的制定	按照 GSP 要求制定仓储作业绩效考评的基本信息
	制定仓储作业绩效考评的目的
	制定仓储作业绩效考评的原则
	制定仓储作业绩效考评的时间及人员范围
	制定仓储作业绩效考评结果处理
	制定仓储作业绩效考评的内容和指标体系 1.工作业绩:收货验收、药品养护、盘点、出库、6S 管理等完成工作数量与工作质量的量化指标完成情况 2.工作态度:服从安排、团结协作、参加培训、客户满意度等 3.工作能力:专业知识、沟通能力、应变能力、分析判断能力等

项目三
药品出库

任务一　医药商品拣选

1. 能使用电子标签货架进行拣选操作。
2. 能使用 RF 枪进行拣选操作。

实训 3-1　散件药品拣选案例 1

现有以下阴凉库药品：葡萄糖注射液（500ml：50g，安徽双鹤药业有限责任公司，10 瓶），西瓜霜润喉片（0.6g×36 片，桂林三金药业股份有限公司，30 盒），需完成拣货作业。

1. 设施：电子标签货架、拣货篮、周转箱（见图 3-1 至图 3-3）。

图 3-1　电子标签货架

图 3-2　拣货篮

图 3-3　周转箱

2.单据：拣货单（见图3-4）。

出库日期	购货单位	药品名称	剂型	规格	生产企业	批号	有效期	数量	库区
2021/7/1	××医院	葡萄糖注射液	注射剂	500ml: 50g	安徽双鹤药业有限责任公司	201110 8V	2023/10/31	10 瓶	阴凉库
2021/7/1	××医院	西瓜霜润喉片	片剂	0.6g×36片	桂林三金药业股份有限公司	200401	2023/04/01	30 盒	阴凉库

图 3-4　×××医药有限公司拣货单

操作步骤

步骤一　电子标签拣货

1.扫描周转箱条形码，电子标签货架亮灯。

2.根据电子标签指示的货位及数量拣货。

3.拍灭电子标签货架拣货位指示灯。

4.拍灭电子标签货架总指示灯。

5.拣出的药品放置周转箱。

步骤二　放置复核区

周转箱经过流水线到达复核台。

注意事项

1.拣货数量要正确。

2.检查药品包装是否出现破损、标识模糊不清等现象。

3.拣货完毕拍灯。

评价标准

序号	评价内容	评价标准
1	电子标签拣货	电子标签货架亮灯,能正确拣选、拍灭指示灯
2	放置复核区	将周转箱放置流水线

实训 3-1　散件药品拣选案例 2

背景资料

现有以下阴凉库药品：盐酸二甲双胍缓释片（0.5g×10 片，重庆康刻尔制药股份有限公司，20 盒），螺内酯片（20mg×100 片，江苏正大丰海制药有限公司，10 盒），需完成拣货作业。

材料准备

1.设施：电子标签货架、拣货篮、周转箱（见图3-1至图3-3）。

2.单据：拣货单（见图 3-5）。

出库日期	购货单位	药品名称	剂型	规格	生产企业	批号	有效期	数量	库区
2021/7/1	××医院	盐酸二甲双胍缓释片	片剂	0.5g×10片	重庆康刻尔制药股份有限公司	190530	2022/05/31	20盒	阴凉库
2021/7/1	××医院	螺内酯片	片剂	20mg×100片	江苏正大丰海制药有限公司	1904231	2023/04/01	10盒	阴凉库

图 3-5　×××医药有限公司拣货单

操作步骤

同案例 1。

注意事项

同案例 1。

评价标准

同案例 1。

实训 3-1　散件药品拣选案例 3

背景资料

现有以下阴凉库药品非洛地平缓释胶囊（2.5mg×10 粒，江苏联环药业股份有限公司，10 盒），琥珀酸亚铁片（0.1g×24 片，金陵药业股份有限公司南京金陵制药厂，30 盒），以及第二类精神药品复方磷酸可待因糖浆（100ml，东北制药集团沈阳第一制药有限公司，20 盒），需完成拣货作业。

材料准备

1.设施：电子标签货架、拣货篮、周转箱、RF 枪、平板货架、托盘（见图 3-1 至图 3-3，图 3-6 至图 3-8）。

图 3-6　RF 枪

图 3-7　平板货架

图 3-8　托盘

2.单据：拣货单（见图3-9、图3-10）。

出库日期	购货单位	药品名称	剂型	规格	生产企业	批号	有效期	数量	库区
2021/7/1	××医院	非洛地平缓释胶囊	胶囊剂	2.5mg×10粒	江苏联环药业股份有限公司	180104	2022/12/01	10盒	阴凉库
2021/7/1	××医院	琥珀酸亚铁片	片剂	0.1g×24片	金陵药业股份有限公司南京金陵制药厂	190911	2023/08/30	30盒	阴凉库

图3-9　×××医药有限公司拣货单（一）

出库日期	购货单位	药品名称	剂型	规格	生产企业	批号	有效期	数量	库区
2021/7/1	××医院	复方磷酸可待因糖浆	糖浆剂	100ml	东北制药集团沈阳第一制药有限公司	200104	2023/12/01	20盒	二精库

图3-10　×××医药有限公司拣货单（二）

操作步骤

（一）阴凉库药品

同案例1。

（二）第二类精神药品

步骤一　平板货架拣货

1.用RF枪扫描拣货单上的条形码。

2.RF枪屏幕显示，找到准确的货位。

3.核查品名、规格、厂家等信息，按数量拣选。

步骤二　放置复核区

拣出的药品放置二类精神药品专库的复核区。

注意事项

（一）阴凉库药品

同案例1。

（二）第二类精神药品

1.在二类精神药品专库作业。

2.要找到正确的货位，拣货数量要准确。

3.检查药品的外包装是否出现破损、标识模糊不清等。

评价标准

（一）阴凉库药品

同案例1。

（二）第二类精神药品

序号	评价内容	评价标准
1	平板货架拣货	在二类精神药品专库正确拣选
2	放置复核区	将药品放置二类精神药品专库复核区

实训 3-1　散件药品拣选案例 4

背景资料

现有以下阴凉库药品莫匹罗星软膏（5g，中美天津史克制药有限公司，20 支），阿莫西林颗粒（0.125g×24 袋，先声药业有限公司，20 盒），及以下冷链药品肝素钠注射液（0.2ml：2500IU，齐鲁制药有限公司，10 盒），破伤风抗毒素（0.75ml：1500IU，江西生物制品研究所股份有限公司，15 盒），需完成拣货作业。

材料准备

1.设施：电子标签货架、拣货篮、周转箱、RF 枪、平板货架、托盘（见图 3-1 至图 3-3，图 3-6 至图 3-8）。

2.单据：拣货单（见图 3-11、图 3-12）。

出库日期	购货单位	药品名称	剂型	规格	生产企业	批号	有效期	数量	库区
2021/7/1	××医院	莫匹罗星软膏	软膏剂	5g	中美天津史克制药有限公司	19010298	2020/12/31	20 支	阴凉库
2021/7/1	××医院	阿莫西林颗粒	颗粒剂	0.125g×24 袋	先声药业有限公司	190109	2022/02/05	30 盒	阴凉库

图 3-11　×××医药有限公司拣货单（一）

出库日期	购货单位	药品名称	剂型	规格	生产企业	批号	有效期	数量	库区
2021/7/1	××医院	肝素钠注射液	注射剂	0.2ml：2500IU	齐鲁制药有限公司	190720	2023/01/20	10 盒	冷库
2021/7/1	××医院	破伤风抗毒素	注射剂	0.75ml：1500IU	江西生物制品研究所股份有限公司	191025	2022/02/05	15 盒	冷库

图 3-12　×××医药有限公司拣货单（二）

操作步骤

（一）阴凉库药品

同案例 1。

（二）冷链药品

步骤一　平板货架拣货

1.用 RF 枪扫描拣货单上的条形码。

2.RF 枪屏幕显示，找到准确的货位。

3.核查品名、规格、厂家，按数量拣选。

步骤二　放置复核区

拣出的药品放置冷链药品专库的复核区。

注意事项

（一）阴凉库药品

同案例1。

（二）冷链药品

1.在冷链药品专库作业。

2.要找到正确的货位，拣货数量要准确。

3.检查药品的外包装是否出现破损、标识模糊不清等。

评价标准

（一）阴凉库药品

同案例1。

（二）冷链药品

序号	评价内容	评价标准
1	平板货架拣货	在冷链药品专库正确拣选
2	放置复核区	将药品放置冷链药品专库复核区

实训 3-1　散件药品拣选案例 5

背景资料

现有以下冷链药品：蛇毒血凝眉注射液［1ml：1单位，兆科药业（合肥）有限公司，20盒］，重组人粒细胞刺激因子注射液（150μg/0.9ml，齐鲁制药有限公司，10盒），需完成拣货作业。

材料准备

1.设施：RF枪、平板货架、托盘（见图3-6至图3-8）。

2.单据：拣货单（见图3-13）。

出库日期	购货单位	药品名称	剂型	规格	生产企业	批号	有效期	数量	库区
2021/7/1	××医院	蛇毒血凝眉注射液	注射液	1ml：1单位	兆科药业（合肥）有限公司	20190417	2022/04/16	20盒	冷库
2021/7/1	××医院	重组人粒细胞刺激因子注射液	注射液	150μg/0.9ml	齐鲁制药有限公司	201306007KBB	2022/07/15	10盒	冷库

图 3-13　×××医药有限公司拣货单

步骤一 平板货架拣货

1. 用 RF 枪扫描拣货单上的条形码。

2. RF 枪屏幕显示，找到准确的货位。

3. 核查品名、规格、厂家，按数量拣选。

步骤二 放置复核区

拣出的药品放置冷链药品专库的复核区。

注意事项

1. 在冷链药品专库作业。

2. 要找到正确的货位，拣货数量要准确。

3. 检查药品的外包装是否出现破损、标识模糊不清等。

评价标准

序号	评价内容	评价标准
1	平板货架拣货	在冷链药品专库正确拣选
2	放置复核区	将药品放置冷链药品专库复核区

实训 3-1 散件药品拣选案例 6

背景资料

现有以下冷链药品重组人表皮生长因子凝胶（20g，桂林华诺威基因药业有限公司，10 盒），赖脯胰岛素注射液（3.0ml：300 单位，礼来苏州制药有限公司，10 盒），及第二类精神药品艾司唑仑片（1mg×20 片，山东信谊制药有限公司，15 盒），需完成拣货作业。

材料准备

1. 设施：RF 枪、平板货架、拣货篮、托盘（见图 3-2、图 3-6 至图 3-8）。

2. 单据：拣货单（见图 3-14、图 3-15）。

出库日期	购货单位	药品名称	剂型	规格	生产企业	批号	有效期	数量	库区
2021/7/1	××医院	重组人表皮生长因子凝胶	凝胶	20g	桂林华诺威基因药业有限公司	202011144A	2022/08/16	10 盒	冷库
2021/7/1	××医院	赖脯胰岛素注射液	注射液	3.0ml：300 单位	礼来苏州制药有限公司	C873997	2023/01/15	10 盒	冷库

图 3-14 ×××医药有限公司拣货单（一）

出库日期	购货单位	药品名称	剂型	规格	生产企业	批号	有效期	数量	库区
2021/7/1	××医院	艾司唑仑片	片剂	1mg×20片	山东信谊制药有限公司	201025	2023/01/15	15盒	二精库

图 3-15　×××医药有限公司拣货单（二）

操作步骤

（一）冷链药品

步骤一　平板货架拣货

1.用 RF 枪扫描拣货单上的条形码。

2.RF 枪屏幕显示，找到准确的货位。

3.核查品名、规格、厂家，按数量拣选。

步骤二　放置复核区

拣出的药品放置冷链药品专库的复核区。

（二）第二类精神药品

步骤一　平板货架拣货

1.用 RF 枪扫描拣货单上的条形码。

2.RF 枪屏幕显示，找到准确的货位。

3.核查品名、规格、厂家，按数量拣选。

步骤二　放置复核区

拣出的药品放置二类精神药品专库的复核区。

注意事项

（一）冷链药品

1.在冷链药品专库作业。

2.要找到正确的货位，拣货数量要准确。

3.检查药品的外包装是否出现破损、标识模糊不清等。

（二）第二类精神药品

1.在二类精神药品专库作业。

2.检查药品的外包装是否出现破损、标识模糊不清等。

3.要找到正确的货位，拣货数量要准确。

评价标准

（一）冷链药品

序号	评价内容	评价标准
1	平板货架拣货	在冷链药品专库正确拣选
2	放置复核区	将药品放置冷链药品专库复核区

（二）第二类精神药品

序号	评价内容	评价标准
1	平板货架拣货	在二类精神药品专库正确拣选
2	放置复核区	将药品放置二类精神药品专库复核区

实训 3-1　散件药品拣选案例 7

背景资料

现有以下阴凉库药品卡托普利片（25mg×100 片，江苏天士力帝益药业有限公司，20 盒），以及第二类精神药品地西泮片（2.5mg×24 片，太原市振兴制药有限责任公司，10 盒），需完成拣货作业。

材料准备

1. 设施：电子标签货架、拣货篮、周转箱、RF 枪、平板货架、托盘（见图 3-1 至图 3-3、图 3-6 至图 3-8）。

2. 单据：拣货单（见图 3-16、图 3-17）。

出库日期	购货单位	药品名称	剂型	规格	生产企业	批号	有效期	数量	库区
2021/7/1	××医院	卡托普利片	片剂	25mg×100 片	江苏天士力帝益药业有限公司	190104	2023/02/20	20 盒	阴凉库

图 3-16　×××医药有限公司拣货单（一）

出库日期	购货单位	药品名称	剂型	规格	生产企业	批号	有效期	数量	库区
2021/7/1	××医院	地西泮片	片剂	2.5mg×24 片	太原市振兴制药有限责任公司	201011	2022/09/30	10 盒	二精库

图 3-17　×××医药有限公司拣货单（二）

操作步骤

同案例 3。

注意事项

同案例 3。

评价标准

同案例 3。

实训 3-1　散件药品拣选案例 8

背景资料

现有以下二类精神药品：复方苯巴比妥溴化钠片（40 片，吉林省中研药业有限公司，5 瓶），劳拉西泮片（1mg×12 片，山东省平原制药厂，20 盒），需完成拣货作业。

材料准备

1.设施：拣货篮、RF 枪、平板货架、托盘（见图 3-2、图 3-6 至图 3-8）。

2.单据：拣货单（见图 3-18）。

出库日期	购货单位	药品名称	剂型	规格	生产企业	批号	有效期	数量	库区
2021/7/1	××医院	复方苯巴比妥溴化钠片	片剂	40 片	吉林省中研药业有限公司	202104	2022/12/20	5 瓶	二精库
2021/7/1	××医院	劳拉西泮片	片剂	1mg×12 片	山东省平原制药厂	201011	2022/09/30	20 盒	二精库

图 3-18　×××医药有限公司拣货单

操作步骤

步骤一　平板货架拣货

1.用 RF 枪扫描拣货单上的条形码。

2.RF 枪屏幕显示，找到准确的货位。

3.核查品名、规格、厂家，按数量拣选。

步骤二　放置复核区

拣出的药品放置二类精神药品专库的复核区。

注意事项

1.在二类精神药品专库作业。

2.检查药品的外包装是否出现破损、标识模糊不清等。

3.要找到正确的货位，拣货数量要准确。

评价标准

序号	评价内容	评价标准
1	平板货架拣货	在二类精神药品专库正确拣选
2	放置复核区	将药品放置二类精神药品专库复核区

实训 3-1 散件药品拣选案例 9

现有以下阴凉库药品头孢克肟颗粒［50mg×12 包，国药集团致君（深圳）制药有限公司，20 盒］，联苯苄唑乳膏（10g/支，拜耳医药保健有限公司，30 盒），以及第二类精神药品右佐匹克隆片（3mg×7 片，成都康弘药业集团股份有限公司，20 盒），需完成拣货作业。

材料准备

1. 设施：电子标签货架、拣货篮、周转箱、RF 枪、平板货架、托盘（见图 3-1 至图 3-3、图 3-6 至图 3-8）。
2. 单据：拣货单（见图 3-19、图 3-20）。

出库日期	购货单位	药品名称	剂型	规格	生产企业	批号	有效期	数量	库区
2021/7/1	××医院	头孢克肟颗粒	颗粒剂	50mg×12 包	国药集团致君(深圳)制药有限公司	20020512	2023/08/01	20 盒	阴凉库
2021/7/1	××医院	联苯苄唑乳膏	软膏剂	10g/支	拜耳医药保健有限公司	20003009	2023/05/31	30 盒	阴凉库

图 3-19 ×××医药有限公司拣货单（一）

出库日期	购货单位	药品名称	剂型	规格	生产企业	批号	有效期	数量	库区
2021/7/1	××医院	右佐匹克隆片	片剂	3mg×7 片	成都康弘药业集团股份有限公司	201110 8V	2023/10/31	20 盒	二精库

图 3-20 ×××医药有限公司拣货单（二）

操作步骤

同案例 3。

注意事项

同案例 3。

评价标准

同案例 3。

实训 3-1 散件药品拣选案例 10

背景资料

现有以下冷库药品注射用硫酸长春地辛（1mg×5 支，广东岭南制药有限公司，80 盒），以及第二类精神药品复方磷酸可待因糖浆（100ml，东北制药集团沈阳第一制药有限公司，20 盒），需完成拣货作业。

1. 设施：RF 枪、平板货架、拣货篮、托盘（见图 3-2、图 3-6 至图 3-8）。
2. 单据：拣货单（见图 3-21、图 3-22）。

出库日期	购货单位	药品名称	剂型	规格	生产企业	批号	有效期	数量	库区
2021/7/1	××医院	注射用硫酸长春地辛	注射剂	1mg×5支	广东岭南制药有限公司	20065857	2023/02/01	80盒	冷库

图 3-21　×××医药有限公司拣货单（一）

出库日期	购货单位	药品名称	剂型	规格	生产企业	批号	有效期	数量	库区
2021/7/1	××医院	复方磷酸可待因糖浆	糖浆剂	100ml	东北制药集团沈阳第一制药有限公司	200104	2023/12/01	20盒	二精库

图 3-22　×××医药有限公司拣货单（二）

操作步骤

（一）冷链药品

步骤一　平板货架拣货

1. 用 RF 枪扫描拣货单上的条形码。

2. RF 枪屏幕显示，找到准确的货位。

3. 核查品名、规格、厂家等信息，按数量拣选。

步骤二　放置复核区

拣出的药品放置冷链药品专库的复核区。

（二）第二类精神药品

步骤一　平板货架拣货

1. 用 RF 枪扫描拣货单上的条形码。

2. 找到 RF 枪屏幕显示的货位。

3. 核查品名、规格、厂家等信息，按数量拣选。

步骤二　放置复核区

拣出的药品放置二类精神药品专库的复核区。

注意事项

（一）冷链药品

1. 在冷链药品专库作业。

2. 要找到正确的货位，拣货数量要准确。

3. 检查药品的外包装是否出现破损、标识模糊不清等。

（二）第二类精神药品

1. 在二类精神药品专库作业。

2. 要找到正确的货位，拣货数量要准确。

3. 检查药品的外包装是否出现破损、标识模糊不清等。

评价标准

（一）冷链药品

序号	评价内容	评价标准
1	平板货架拣货	在冷链药品专库正确拣选
2	放置复核区	将药品放置冷链药品专库复核区

（二）第二类精神药品

序号	评价内容	评价标准
1	平板货架拣货	在二类精神药品专库正确拣选
2	放置复核区	将药品放置二类精神药品专库复核区

实训 3-2　整件药品拣选案例 1

背景资料

现有以下二类精神药品（一整件）：右佐匹克隆片（3mg×7 片，成都康弘药业集团股份有限公司，200 盒），需完成拣货作业。

材料准备

1. 设施：RF 枪、平板货架、托盘（见图 3-6 至图 3-8）。

2. 单据：拣货单（见图 3-23）。

出库日期	购货单位	药品名称	剂型	规格	生产企业	批号	有效期	数量	库区
2021/7/1	××医院	右佐匹克隆片	片剂	3mg×7 片	成都康弘药业集团股份有限公司	201110 8V	2023/10/31	200 盒	二精库

图 3-23　×××医药有限公司拣货单

操作步骤

步骤一　平板货架拣货

1. 用 RF 枪扫描拣货单上的条形码。

2. RF 枪屏幕显示，找到准确的货位。

3. 核查品名、规格、批号、厂家等信息，按数量拣选。

步骤二　放置复核区

拣出的药品放置二类精神药品专库的复核区。

1.在二类精神药品专库作业。

2.要找到正确的货位，拣货数量要准确。

评价标准

序号	评价内容	评价标准
1	平板货架拣货	在二类精神药品专库正确拣选
2	放置复核区	将药品放置二类精神药品专库复核区

实训 3-2　整件药品拣选案例 2

背景资料

现有以下常温库药品（一整件）：芪参益气滴丸（1g/40 丸×15 袋，天士力医药集团股份有限公司，300 盒），需完成拣货作业。

材料准备

1.设施：RF 枪、平板货架、托盘（见图 3-6 至图 3-8）。

2.单据：拣货单（见图 3-24）。

出库日期	购货单位	药品名称	剂型	规格	生产企业	批号	有效期	数量	库区
2021/7/1	××医院	芪参益气滴丸	滴丸剂	1g/40丸×15袋	天士力医药集团股份有限公司	20030139	2023/08/31	300 盒	常温库

图 3-24　×××医药有限公司拣货单

操作步骤

步骤一　平板货架拣货

1.用 RF 枪扫描拣货单上的条形码。

2.RF 枪屏幕显示，找到准确的货位。

3.核查品名、规格、批号、厂家等信息，按数量拣选。

步骤二　放置复核区

拣出的药品放置在复核区。

注意事项

1.在常温库作业。

2.要找到正确的货位，拣货数量要准确。

序号	评价内容	评价标准
1	平板货架拣货	在常温库正确拣选
2	放置复核区	将药品放置在整件药品复核区

实训 3-2　整件药品拣选案例 3

背景资料

现有以下冷库药品（一整件）：注射用紫杉醇脂质体（30mg，南京绿叶制药有限公司，64 瓶），需完成拣货作业。

材料准备

1.设施：RF 枪、平板货架、托盘（见图 3-6 至图 3-8）。

2.单据：拣货单（见图 3-25）。

出库日期	购货单位	药品名称	剂型	规格	生产企业	批号	有效期	数量	库区
2021/7/1	××医院	注射用紫杉醇脂质体	针剂	30mg	南京绿叶制药有限公司	219070309	2020/12/31	64瓶	冷库

图 3-25　×××医药有限公司拣货单

操作步骤

步骤一　平板货架拣货

1.用 RF 枪扫描拣货单上的条形码。

2.RF 枪屏幕显示，找到准确的货位。

3.核查品名、规格、批号、厂家等信息，按数量拣选。

步骤二　放置复核区

拣出的药品放置冷链药品专库的复核区。

注意事项

1.在冷链药品专库作业。

2.要找到正确的货位，拣货数量要准确。

评价标准

序号	评价内容	评价标准
1	平板货架拣货	在冷链药品专库正确拣选
2	放置复核区	将药品放置冷链药品专库复核区

实训 3-2　整件药品拣选案例 4

背景资料

现有以下常温库药品（一整件）乳果糖口服溶液（66.7g：100ml，北京韩美药品有限公司，300 瓶），以及冷链药品（一整件）白消安注射液（10ml：60mg，美国，180 支），需完成拣货作业。

材料准备

1. 设施：RF 枪、平板货架、托盘（见图 3-6 至图 3-8）。

2. 单据：拣货单（见图 3-26、图 3-27）。

出库日期	购货单位	药品名称	剂型	规格	生产企业	批号	有效期	数量	库区
2021/7/1	××医院	乳果糖口服溶液	溶液剂	66.7g：100ml	北京韩美药品有限公司	20020202	2023/09/31	300 盒	常温库

图 3-26　×××医药有限公司拣货单（一）

出库日期	购货单位	药品名称	剂型	规格	生产企业	批号	有效期	数量	库区
2021/7/1	××医院	白消安注射液	注射剂	10ml　60mg	美国	U01922	2023/12/31	180 盒	冷库

图 3-27　×××医药有限公司拣货单（二）

操作步骤

（一）常温库药品

步骤一　平板货架拣货

1. 用 RF 枪扫描拣货单上的条形码。

2. RF 枪屏幕显示，找到准确的货位。

3. 核查品名、规格、批号、厂家等信息，按数量拣选。

步骤二　放置复核区

拣出的药品放置在复核区。

（二）冷链药品

步骤一　平板货架拣货

1. 用 RF 枪扫描拣货单上的条形码。

2. 找到 RF 枪屏幕显示的货位。

3. 核查品名、规格、批号、厂家等信息，按数量拣选。

步骤二　放置复核区

拣出的药品放置冷链药品专库的复核区。

（一）常温库药品

1.在常温库作业。

2.要找到正确的货位，拣货数量要准确。

（二）冷链药品

1.在冷链药品专库作业。

2.要找到正确的货位，拣货数量要准确。

评价标准

（一）常温库药品

序号	评价内容	评价标准
1	平板货架拣货	在常温库正确拣选
2	放置复核区	将药品放置在整件药品复核区

（二）冷链药品

序号	评价内容	评价标准
1	平板货架拣货	在冷链药品专库正确拣选
2	放置复核区	将药品放置冷链药品专库复核区

实训 3-2　整件药品拣选案例 5

背景资料

现有以下冷链药品（一整件）拉坦前列素滴眼液（2.5ml：0.125mg，鲁南贝特制药有限公司，200 支），以及第二类精神药品氨酚羟考酮片（5mg/325mg×10s，美国马林克罗制药公司，200 盒），需完成拣货作业。

材料准备

1.设施：RF 枪、平板货架、托盘（见图 3-6 至图 3-8）。

2.单据：拣货单（见图 3-28、图 3-29）。

出库日期	购货单位	药品名称	剂型	规格	生产企业	批号	有效期	数量	库区
2021/7/1	××医院	拉坦前列素滴眼液	滴眼剂	2.5ml：0.125mg	鲁南贝特制药有限公司	37021227	2023/07/01	200 支	冷库

图 3-28　×××医药有限公司拣货单（一）

出库日期	购货单位	药品名称	剂型	规格	生产企业	批号	有效期	数量	库区
2021/7/1	××医院	氨酚羟考酮片	片剂	5mg/325mg×10s	美国马林克罗制药公司	NK21036	2024/10/17	180盒	二精库

图 3-29　×××医药有限公司拣货单（二）

操作步骤

（一）冷链药品

步骤一　平板货架拣货

1.用 RF 枪扫描拣货单上的条形码。

2.RF 枪屏幕显示，找到准确的货位。

3.核查品名、规格、批号、厂家等信息，按数量拣选。

步骤二　放置复核区

拣出的药品放置冷链药品专库的复核区。

（二）第二类精神药品

步骤一　平板货架拣货

1.用 RF 枪扫描拣货单上的条形码。

2.RF 枪屏幕显示，找到准确的货位。

3.核查品名、规格、批号、厂家等信息，按数量拣选。

步骤二　放置复核区

拣出的药品放置二类精神药品专库的复核区。

注意事项

（一）冷链药品

1.在冷链药品专库作业。

2.要找到正确的货位，拣货数量要准确。

（二）第二类精神药品

1.在二类精神药品专库作业。

2.要找到正确的货位，拣货数量要准确。

评价标准

（一）冷链药品

序号	评价内容	评价标准
1	平板货架拣货	在冷链药品专库正确拣选
2	放置复核区	将药品放置冷链药品专库复核区

（二）第二类精神药品

序号	评价内容	评价标准
1	平板货架拣货	在二类精神药品专库正确拣选
2	放置复核区	将药品放置二类精神药品专库复核区

任务二 、医药商品复核、装箱、发货

技能目标

1. 能在规定的区域作业。
2. 能按照 GSP 规定的程序和要求进行药品复核。
3. 能完成普通纸箱装箱操作及保温箱装箱操作。
4. 能够正确使用填充物和有关标贴。
5. 能完成出库复核记录。

实训 3-3 普通药品复核拼箱案例 1

背景资料

现有拣选出来的药品：氯化钠注射液（500ml：4.5g，江苏亚邦生缘药业有限公司，2 袋），藿香正气口服液（10ml×10 支，太极集团重庆涪陵制药厂有限公司，20 盒），西瓜霜润喉片（0.6g×36 片，桂林三金药业股份有限公司，15 盒），小儿氨酚黄那敏颗粒（对乙酰氨基酚 125mg，安琪酵母股份有限公司药业分公司，50 盒），该批药品需进行出库复核作业。

材料准备

1. 设施：周转箱、托盘、桌子、填充物、塑料袋、标贴、胶带纸、封箱器、小刀、纸箱、黑色水笔（见图 3-3、图 3-8，图 3-30 至图 3-33）。

图 3-30 填充物（气泡膜）

图 3-31 封箱器

图 3-32　拼箱标贴　　　　图 3-33　易碎标贴

2.单据：药品出库复核记录单（见图 3-34）、装箱单（见图 3-35）。

出库日期	购货单位	药品名称	剂型	规格	生产企业	批号	有效期	数量	质量情况
2021/7/1	××医院	氯化钠注射液	注射剂	500ml：4.5g	江苏亚邦生缘药业有限公司	210327003	2023/03/26	2袋	
2021/7/1	××医院	藿香正气口服液	口服液	10ml×10支	大极集团重庆涪陵制药厂有限公司	20210206	2023/02/25	20盒	
2021/7/1	××医院	西瓜霜润喉片	片剂	0.6g×36片	桂林三金药业股份有限公司	190401	2022/04/01	15盒	
2021/7/1	××医院	小儿氨酚黄那敏颗粒	颗粒剂	对乙酰氨基酚125mg	安琪酵母股份有限公司药业分公司	20190349	2021/03/24	100盒	

复核人：　　　　　　　　　　　　　　　　　　　　　　　　　　　　　复核日期：

图 3-34　×××医药有限公司出库复核记录单

装箱日期	购货单位	药品名称	剂型	规格	生产企业	批号	有效期	数量
2021/7/1	××医院	氯化钠注射液	注射剂	500ml：4.5g	江苏亚邦生缘药业有限公司	210327003	2023/03/26	2袋
2021/7/1	××医院	藿香正气口服液	口服液	10ml×10支	大极集团重庆涪陵制药厂有限公司	20210206	2023/02/25	20盒
2021/7/1	××医院	西瓜霜润喉片	片剂	0.6g×36片	桂林三金药业股份有限公司	190401	2022/04/01	15盒
2021/7/1	××医院	小儿氨酚黄那敏颗粒	颗粒剂	对乙酰氨基酚125mg	安琪酵母股份有限公司药业分公司	20190349	2021/03/24	100盒

图 3-35　×××医药有限公司装箱单

操作步骤

步骤一　药品复核

检查药品品名、数量、规格、厂家、包装、标签、批号、有效期等。

步骤二　药品拼箱

1.选择合适的纸箱。

2.按照大不压小、重不压轻、整不压零、固液分离、正反不倒置的原则进行装箱。

3.放入适量的填充物。

4.装箱单放置在最上面。

步骤三　封箱与贴签

1.将纸箱封闭。

2.在纸箱外贴签。

步骤四 放置待发区

将药品放置待发区。

步骤五 清理复核台

将复核台上的工具整理好。

步骤六 单据填写

完成出库复核记录单。

注意事项

1.零头药品最小包装应逐一复核。

2.装箱不能倒置、不能爆箱。

3.药品封箱应确保牢固。

4.箱外标签不能倒置。

5.单据内容填写完整。

评价标准

序号	评价内容	评价标准
1	药品复核	在复核台,按照 GSP 要求检查出库药品
2	药品拼箱	按照装箱原则进行操作
3	封箱与贴签	封箱牢固,贴上相关标签
4	放置待发区	将药品转移至待发区
5	清理复核台	将复核台上的工具整理好
6	单据填写	出库复核记录单内容填写完整

实训 3-3 普通药品复核拼箱案例 2

背景资料

现有拣选出来的药品:黄芪精口服液(10ml×12 支,扬子江药业集团有限公司,4 盒),复方水杨酸甲酯乳膏(15g,珠海联邦制药股份有限公司,10 盒),清咽片(0.25g×12 片×2 板,山西华元医药生物技术有限公司,8 盒),连花清瘟胶囊(0.35g×24 粒,石家庄以岭药业股份有限公司,10 盒),该批药品需进行出库复核作业。

材料准备

1.设施:托盘、桌子、周转箱、填充物、塑料袋、标贴、胶带纸、封箱器、小刀、纸箱、黑色水笔（见图 3-3、图 3-8、图 3-30 至图 3-33）。

2.单据：药品出库复核记录单（见图 3-36）、装箱单（见图 3-37）。

出库日期	购货单位	药品名称	剂型	规格	生产企业	批号	有效期	数量	质量情况
2021/7/1	××医院	黄芪精口服液	口服液	10ml×12支	扬子江药业集团有限公司	20093012	2022/08/31	4盒	
2021/7/1	××医院	复方水杨酸甲酯乳膏	乳膏剂	15g	珠海联邦制药股份有限公司	07037105	2022/06/30	10盒	
2021/7/1	××医院	清咽片	片剂	0.25g×12片×2板	山西华元医药生物技术有限公司	201208	2022/11/30	8盒	
2021/7/1	××医院	连花清瘟胶囊	胶囊剂	0.35g×24粒	石家庄以岭药业股份有限公司	210305	2023/03/04	10盒	

复核人：　　　　　　　　　　　　　　　　　　　　　　　　　　　　　　复核日期：

图 3-36　×××医药有限公司出库复核记录单

装箱日期	购货单位	药品名称	剂型	规格	生产企业	批号	有效期	数量
2021/7/1	××医院	黄芪精口服液	口服液	10ml×12支	扬子江药业集团有限公司	20093012	2022/08/31	4盒
2021/7/1	××医院	复方水杨酸甲酯乳膏	乳膏剂	15g	珠海联邦制药股份有限公司	07037105	2022/06/30	10盒
2021/7/1	××医院	清咽片	片剂	0.25g×12片×2板	山西华元医药生物技术有限公司	201208	2022/11/30	8盒
2021/7/1	××医院	连花清瘟胶囊	胶囊剂	0.35g×24粒	石家庄以岭药业股份有限公司	210305	2023/03/04	10盒

图 3-37　×××医药有限公司装箱单

操作步骤

同案例 1。

注意事项

同案例 1。

评价标准

同案例 1。

实训 3-3　普通药品复核拼箱案例 3

背景资料

现有拣选出来的药品：藿香正气软胶囊（8 粒×2 板，神威药业集团有限公司，10 盒），糠酸莫米松凝胶［15g，华润三九（南昌）药业有限公司，10 盒］，连花清瘟胶囊（0.35g×24 粒，石家庄以岭药业股份有限公司，10 盒），京都念慈菴蜜炼川贝枇杷膏（150ml，京都念慈菴总厂有限公司，4 盒），云南白药气雾剂（85g，云南白药集团股份有限公司，2 盒），该批药品需进行出库复核作业。

材料准备

1.设施：托盘、桌子、周转箱、填充物、塑料袋、标贴、胶带纸、封箱器、小刀、纸箱、黑色水笔（见图3-3、图3-8、图3-30至图3-33）。

2.单据：药品出库复核记录单（见图3-38）、装箱单（见图3-39）。

出库日期	购货单位	药品名称	剂型	规格	生产企业	批号	有效期	数量	质量情况
2021/7/1	××医院	连花清瘟胶囊	胶囊剂	0.35g×24粒	石家庄以岭药业股份有限公司	21220047	2023/02/26	10盒	
2021/7/1	××医院	糠酸莫米松凝胶	凝胶剂	15g	华润三九（南昌）药业有限公司	2102003J	2024/01/31	10盒	
2021/7/1	××医院	藿香正气软胶囊	软胶囊	8粒×2板	神威药业集团有限公司	125201270	2022/12/10	10盒	
2021/7/1	××医院	京都念慈菴蜜炼川贝枇杷膏	煎膏剂	150ml	京都念慈菴总厂有限公司	L22003038	2023/02/28	4盒	
2021/7/1	××医院	云南白药气雾剂	气雾剂	85g	云南白药集团股份有限公司	ZEB2098	2023/08/31	2盒	

复核人： 复核日期：

图3-38 ×××医药有限公司出库复核记录单

装箱日期	购货单位	药品名称	剂型	规格	生产企业	批号	有效期	数量
2021/7/1	××医院	连花清瘟胶囊	胶囊剂	0.35g×24粒	石家庄以岭药业股份有限公司	21220047	2023/02/26	10盒
2021/7/1	××医院	糠酸莫米松凝胶	凝胶剂	15g	华润三九（南昌）药业有限公司	2102003J	2024/01/31	10盒
2021/7/1	××医院	藿香正气软胶囊	软胶囊	8粒×2板	神威药业集团有限公司	125201270	2022/12/10	10盒
2021/7/1	××医院	京都念慈菴蜜炼川贝枇杷膏	煎膏剂	150ml	京都念慈菴总厂有限公司	L22003038	2023/02/28	4盒
2021/7/1	××医院	云南白药气雾剂	气雾剂	85g	云南白药集团股份有限公司	ZEB2098	2023/08/31	2盒

图3-39 ×××医药有限公司装箱单

操作步骤

同案例1。

注意事项

同案例1。

评价标准

同案例1。

实训3-3 普通药品复核拼箱案例4

背景资料

现有拣选出来的药品：炉甘石洗剂（100ml，辰欣药业股份有限公司，4瓶），维生素C片（0.1g×100片，山东新华制药股份有限公司，10盒），阿司匹林肠溶片（100mg×30片，拜耳医药保健有限公司，10盒），盐酸金霉素眼膏（2.5g×1支，北京双吉制药有限公司，8盒），清开灵颗粒（10g×10袋，广州白云山明兴制药有限公司，6盒），该批药品需进行出库复核作业。

1.设施：托盘、桌子、周转箱、填充物、塑料袋、标贴、胶带纸、封箱器、小刀、纸箱、黑色水笔（见图3-3、图3-8、图3-30至图3-33）。

2.单据：药品出库复核记录单（见图3-40）、装箱单（见图3-41）。

出库日期	购货单位	药品名称	剂型	规格	生产企业	批号	有效期	数量	质量情况
2021/7/1	××医院	炉甘石洗剂	洗剂	100ml	辰欣药业股份有限公司	2101005	2022/12/31	4瓶	
2021/7/1	××医院	维生素C片	片剂	0.1g×100片	山东新华制药股份有限公司	2012018	2022/12/10	10盒	
2021/7/1	××医院	阿司匹林肠溶片	片剂	100mg×30片	拜耳医药保健有限公司	BJ54726	2023/05/30	10盒	
2021/7/1	××医院	盐酸金霉素眼膏	眼膏剂	2.5g×1支	北京双吉制药有限公司	191114	2023/10/31	8盒	
2021/7/1	××医院	清开灵颗粒	颗粒剂	10g×10袋	广州白云山明兴制药有限公司	A5F045	2023/11/21	6盒	

复核人：　　　　　　　　　　　　　　　　　复核日期：

图3-40　×××医药有限公司出库复核记录单

装箱日期	购货单位	药品名称	剂型	规格	生产企业	批号	有效期	数量
2021/7/1	××医院	炉甘石洗剂	洗剂	100ml	辰欣药业股份有限公司	2101005	2022/12/31	4瓶
2021/7/1	××医院	维生素C片	片剂	0.1g×100片	山东新华制药股份有限公司	2012018	2022/12/10	10盒
2021/7/1	××医院	阿司匹林肠溶片	片剂	100mg×30片	拜耳医药保健有限公司	BJ54726	2023/05/30	10盒
2021/7/1	××医院	盐酸金霉素眼膏	眼膏剂	2.5g×1支	北京双吉制药有限公司	191114	2023/10/31	8盒
2021/7/1	××医院	清开灵颗粒	颗粒剂	10g×10袋	广州白云山明兴制药有限公司	A5F045	2023/11/21	6盒

图3-41　×××医药有限公司装箱单

同案例1。

同案例1。

同案例1。

实训3-3　普通药品复核拼箱案例5

现有拣选出来的药品：感冒止咳糖浆（120ml，广西玉林制药集团有限责任公司，5盒），布洛伪麻片（8片，山东新华制药股份有限公司，10盒），玉屏风颗粒（5g×18袋，国药集团广州环球制药有限公司，10盒），感冒清热软胶囊（0.65g×24 粒，石药集团欧意药业有限公司，6 盒），该批药品需进行出库复核作业。

1. 设施：托盘、桌子、周转箱、填充物、塑料袋、标贴、胶带纸、封箱器、小刀、纸箱、黑色水笔（见图 3-3、图 3-8、图 3-30 至图 3-33）。
2. 单据：药品出库复核记录单（见图 3-42）、装箱单（见图 3-43）。

出库日期	购货单位	药品名称	剂型	规格	生产企业	批号	有效期	数量	质量情况
2020/7/1	××医院	感冒止咳糖浆	糖浆剂	120ml	广西玉林制药集团有限责任公司	21029001	2022/01/31	5盒	
2020/7/1	××医院	布洛伪麻片	片剂	8片	山东新华制药股份有限公司	2105038	2024/04/25	10盒	
2020/7/1	××医院	玉屏风颗粒	颗粒剂	5g×18袋	国药集团广州环球制药有限公司	201012	2023/10/09	10盒	
2020/7/1	××医院	感冒清热软胶囊	胶囊剂	0.65g×24粒	石药集团欧意药业有限公司	125201270	2022/12/10	6盒	

复核人：　　　　　　　　　　　　　　　　　　　　　　　　　复核日期：

图 3-42　×××医药有限公司出库复核记录单

装箱日期	购货单位	药品名称	剂型	规格	生产企业	批号	有效期	数量
2020/7/1	××医院	感冒止咳糖浆	糖浆剂	120ml	广西玉林制药集团有限责任公司	21029001	2022/01/31	5盒
2020/7/1	××医院	布洛伪麻片	片剂	8片	山东新华制药股份有限公司	2105038	2024/04/25	10盒
2020/7/1	××医院	玉屏风颗粒	颗粒剂	5g×18袋	国药集团广州环球制药有限公司	201012	2023/10/09	10盒
2020/7/1	××医院	感冒清热软胶囊	胶囊剂	0.65g×24粒	石药集团欧意药业有限公司	125201270	2022/12/10	6盒

图 3-43　×××医药有限公司装箱单

同案例 1。

同案例 1。

同案例 1。

实训 3-3　普通药品复核拼箱案例 6

现有拣选出来的药品：钠钾镁钙葡萄糖注射液（500ml，江苏恒瑞医药股份有限公司，2 袋），蓝芩口服液（浓缩型）（10ml×6 支，扬子江药业集团有限公司，20 盒），罗通定片（30mg×100 片，四川迪菲特药业有限公司，15盒），头孢克肟颗粒（50mg×16袋，成都倍特药业股份有限公司，50盒），该批药品需进行出库复核作业。

材料准备

1.设施：托盘、桌子、周转箱、填充物、塑料袋、标贴、胶带纸、封箱器、小刀、纸箱、黑色水笔（见图3-3、图3-8、图3-30至图3-33）。

2.单据：药品出库复核记录单（见图3-44）、装箱单（见图3-45）。

出库日期	购货单位	药品名称	剂型	规格	生产企业	批号	有效期	数量	质量情况
2021/7/1	××医院	钠钾镁钙葡萄糖注射液	注射剂	500ml	江苏恒瑞医药股份有限公司	210315UA	2023/03/14	2袋	
2021/7/1	××医院	蓝芩口服液（浓缩型）	口服液	10ml×6支	扬子江药业集团有限公司	21012222	2022/12/31	20盒	
2021/7/1	××医院	罗通定片	片剂	30mg×100片	四川迪菲特药业有限公司	201103	2023/10/31	15盒	
2021/7/1	××医院	头孢克肟颗粒	颗粒剂	50mg×16袋	成都倍特药业股份有限公司	210330	2024/03/18	50盒	

复核人：　　　　　　　　　　　　　　　　　　　　　　　　　复核日期：

图3-44　×××医药有限公司出库复核记录单

装箱日期	购货单位	药品名称	剂型	规格	生产企业	批号	有效期	数量
2021/7/1	××医院	钠钾镁钙葡萄糖注射液	注射剂	500ml	江苏恒瑞医药股份有限公司	210315UA	2023/03/14	2袋
2021/7/1	××医院	蓝芩口服液（浓缩型）	口服液	10ml×6支	扬子江药业集团有限公司	21012222	2022/12/31	20盒
2021/7/1	××医院	罗通定片	片剂	30mg×100片	四川迪菲特药业有限公司	201103	2023/10/31	15盒
2021/7/1	××医院	头孢克肟颗粒	颗粒剂	50mg×16袋	成都倍特药业股份有限公司	210330	2024/03/18	50盒

图3-45　×××医药有限公司装箱单

操作步骤

同案例1。

注意事项

同案例1。

评价标准

同案例1。

实训3-3　普通药品复核拼箱案例7

背景资料

现有拣选出来的药品：硫酸依替米星注射液（2ml：100mg，无锡济民可信山禾药业股份有限公司，10盒），喉咽清口服液（150ml×1瓶，湖南时代阳光药业股份有限公司，20盒），格列美脲片（2mg×60片，重庆康刻尔制药股份有限公司，30盒），肾炎舒颗粒（5g×15袋，陕西健民制药有限公司，20盒），该批药品需进行出库复核作业。

1. 设施：托盘、桌子、周转箱、填充物、塑料袋、标贴、胶带纸、封箱器、小刀、纸箱、黑色水笔（见图 3-3、图 3-8、图 3-30 至图 3-33）。

2. 单据：药品出库复核记录单（见图 3-46）、装箱单（见图 3-47）。

出库日期	购货单位	药品名称	剂型	规格	生产企业	批号	有效期	数量	质量情况
2021/7/1	××医院	硫酸依替米星注射液	注射剂	2ml：100mg	无锡济民可信山禾药业股份有限公司	191206	2022/11/30	10 盒	
2021/7/1	××医院	喉咽清口服液	口服液	150ml×1瓶	湖南时代阳光药业股份有限公司	20200209	2022/02/08	20 盒	
2021/7/1	××医院	格列美脲片	片剂	2mg×60片	重庆康刻尔制药股份有限公司	210223	2022/07/31	30 盒	
2021/7/1	××医院	肾炎舒颗粒	颗粒剂	5g×15袋	陕西健民制药有限公司	2101301	2023/01/02	20 盒	

复核人：   复核日期：

图 3-46　×××医药有限公司出库复核记录单

箱日期	购货单位	药品名称	剂型	规格	生产企业	批号	有效期	数量
2021/7/1	××医院	硫酸依替米星注射液	注射剂	2ml：100mg	无锡济民可信山禾药业股份有限公司	191206	2022/11/30	10 盒
2021/7/1	××医院	喉咽清口服液	口服液	150ml×1瓶	湖南时代阳光药业股份有限公司	20200209	2022/02/08	20 盒
2021/7/1	××医院	格列美脲片	片剂	2mg×60片	重庆康刻尔制药股份有限公司	210223	2022/07/31	30 盒
2021/7/1	××医院	肾炎舒颗粒	颗粒剂	5g×15袋	陕西健民制药有限公司	2101301	2023/01/02	20 盒

图 3-47　×××医药有限公司装箱单

操作步骤

同案例 1。

注意事项

同案例 1。

评价标准

同案例 1。

实训 3-3　普通药品复核拼箱案例 8

背景资料

现有拣选出来的药品：氟哌啶醇注射液（1ml：5mg，上海旭东海普药业有限公司，20盒），复方氨酚美沙糖浆［60ml×1瓶，史达德药业（北京）有限公司，30盒］，硫酸沙丁胺醇片（2mg×100片，苏州弘森药业股份有限公司，20盒），鼻渊通窍颗粒（15g×10袋，山东新时代药业有限公司，20盒），该批药品需进行出库复核作业。

1. 设施：托盘、桌子、周转箱、填充物、塑料袋、标贴、胶带纸、封箱器、小刀、纸箱、黑色水笔（见图 3-3、图 3-8、图 3-30 至图 3-33）。

2. 单据：药品出库复核记录单（见图 3-48）、装箱单（见图 3-49）。

出库日期	购货单位	药品名称	剂型	规格	生产企业	批号	有效期	数量	质量情况
2021/7/1	××医院	氟哌啶醇注射液	注射剂	1ml：5mg	上海旭东海普药业有限公司	B191101	2022/09/30	20盒	
2021/7/1	××医院	复方氯酚美沙糖浆	糖浆剂	60ml×1瓶	史达德药业（北京）有限公司	20100111	2022/09/30	30盒	
2021/7/1	××医院	硫酸沙丁胺醇片	片剂	2mg×100片	苏州弘森药业股份有限公司	22201101	2022/10/31	20盒	
2021/7/1	××医院	鼻渊通窍颗粒	颗粒剂	15g×10袋	山东新时代药业有限公司	0022010001	2022/09/30	20盒	

复核人：　　　　　　　　　　　　　　　　　　　　　　　　复核日期：

图 3-48　×××医药有限公司出库复核记录单

装箱日期	购货单位	药品名称	剂型	规格	生产企业	批号	有效期	数量
2021/7/1	××医院	氟哌啶醇注射液	注射剂	1ml：5mg	上海旭东海普药业有限公司	B191101	2022/09/30	20盒
2021/7/1	××医院	复方氯酚美沙糖浆	糖浆剂	60ml×1瓶	史达德药业（北京）有限公司	20100111	2022/09/30	30盒
2021/7/1	××医院	硫酸沙丁胺醇片	片剂	2mg×100片	苏州弘森药业股份有限公司	22201101	2022/10/31	20盒
2021/7/1	××医院	鼻渊通窍颗粒	颗粒剂	15g×10袋	山东新时代药业有限公司	0022010001	2022/09/30	20盒

图 3-49　×××医药有限公司装箱单

操作步骤

同案例1。

注意事项·

同案例1。

评价标准

同案例1。

实训 3-3　普通药品复核拼箱案例 9

背景资料

现有拣选出来的药品：氢溴酸樟柳碱注射液（1ml：0.5mg，成都第一制药有限公司，20盒），右旋布洛芬口服混悬液（100ml×2g，湖北唯森制药有限公司，30盒），非洛地平缓释片（5mg×20片，莱阳市江波制药有限责任公司，50盒），糖脉康颗粒（5g×10袋，四川宝鉴堂药业有限公司，20盒），该批药品需进行出库复核作业。

材料准备

1.设施：托盘、桌子、周转箱、填充物、塑料袋、标贴、胶带纸、封箱器、小刀、纸箱、黑色水笔（见图3-3、图3-8、图3-30至图3-33）。

2.单据：药品出库复核记录单（见图3-50）、装箱单（见图3-51）。

出库日期	购货单位	药品名称	剂型	规格	生产企业	批号	有效期	数量	质量情况
2021/7/1	××医院	氢溴酸樟柳碱注射液	注射剂	1ml：0.5mg	成都第一制药有限公司	210103	2023/01/16	20盒	
2021/7/1	××医院	右旋布洛芬口服混悬液	口服液	100ml×2g	湖北唯森制药有限公司	20200504	2022/04/30	30盒	
2021/7/1	××医院	非洛地平缓释片	片剂	5mg×20片	莱阳市江波制药有限责任公司	2003051	2022/02/28	50盒	
2021/7/1	××医院	糖脉康颗粒	颗粒剂	5g×10袋	四川宝鉴堂药业有限公司	201204	2022/11/30	20盒	

复核人：　　　　　　　　　　　　　　　　　　　　　　　　　　复核日期：

图3-50　×××医药有限公司出库复核记录单

装箱日期	购货单位	药品名称	剂型	规格	生产企业	批号	有效期	数量
2021/7/1	××医院	氢溴酸樟柳碱注射液	注射剂	1ml：0.5mg	成都第一制药有限公司	210103	2023/01/16	20盒
2021/7/1	××医院	右旋布洛芬口服混悬液	口服液	100ml×2g	湖北唯森制药有限公司	20200504	2022/04/30	30盒
2021/7/1	××医院	非洛地平缓释片	片剂	5mg×20片	莱阳市江波制药有限责任公司	2003051	2022/02/28	50盒
2021/7/1	××医院	糖脉康颗粒	颗粒剂	5g×10袋	四川宝鉴堂药业有限公司	201204	2022/11/30	20盒

图3-51　×××医药有限公司装箱单

操作步骤

同案例1。

注意事项

同案例1。

评价标准

同案例1。

实训3-3　普通药品复核拼箱案例10

背景资料

现有拣选出来的药品：薄芝糖肽注射液（2ml：5mg多糖：1mg多肽，北京赛升药业股份有限公司，20盒），小儿柴桂退热口服液（10ml×10支，吉林敖东延边药业股份有限公司，30盒），六味地黄丸（1.44g×200粒，仲景宛西制药股份有限公司，50盒），阿奇霉素颗粒（Ⅱ）（0.1g×6袋，长春雷允上药业有限公司，80盒），该批药品需进行出库复核作业。

材料准备

1.设施：托盘、桌子、周转箱、填充物、塑料袋、标贴、胶带纸、封箱器、小刀、纸箱、黑色水笔（见图3-3、图3-8、图3-30至图3-33）。

2.单据：药品出库复核记录单（见图3-52）、装箱单（见图3-53）。

出库日期	购货单位	药品名称	剂型	规格	生产企业	批号	有效期	数量	质量情况
2021/7/1	××医院	薄芝糖肽注射液	注射剂	2ml: 5mg 多糖:1mg 多肽	北京赛升药业股份有限公司	202101261	2022/12/31	20盒	
2021/7/1	××医院	小儿柴桂退热口服液	口服液	10ml×10支	吉林敖东延边药业股份有限公司	2102002	2023/01/31	30盒	
2021/7/1	××医院	六味地黄丸	丸剂	1.44g×200粒	仲景宛西制药股份有限公司	20113701	2025/10/31	50盒	
2021/7/1	××医院	阿奇霉素颗粒(Ⅱ)	颗粒剂	0.1g×6袋	长春雷允上药业有限公司	1210201	2023/01/31	80盒	

复核人：　　　　　　　　　　　　　　　　　　　　　　　复核日期：

图3-52　×××医药有限公司出库复核记录单

装箱日期	购货单位	药品名称	剂型	规格	生产企业	批号	有效期	数量
2021/7/1	××医院	薄芝糖肽注射液	注射剂	2ml: 5mg 多糖:1mg 多肽	北京赛升药业股份有限公司	202101261	2022/12/31	20盒
2021/7/1	××医院	小儿柴桂退热口服液	口服液	10ml×10支	吉林敖东延边药业股份有限公司	2102002	2023/01/31	30盒
2021/7/1	××医院	六味地黄丸	丸剂	1.44g×200粒	仲景宛西制药股份有限公司	20113701	2025/10/31	50盒
2021/7/1	××医院	阿奇霉素颗粒(Ⅱ)	颗粒剂	0.1g×6袋	长春雷允上药业有限公司	1210201	2023/01/31	80盒

图3-53　×××医药有限公司装箱单

操作步骤

同案例1。

注意事项

同案例1。

评价标准

同案例1。

实训 3-4　冷链药品复核拼箱案例 1

背景资料

现有拣选出来的冷藏药品（一整件）：注射用紫杉醇脂质体（30mg，南京绿叶制药有限公司，64瓶），该药品需进行出库复核作业。

1.设施：平板货架、桌子、填充物、小刀、黑色水笔、保温箱、冰排、温度计、隔热板（见图 3-7、图 3-30、图 3-54 至图 3-57）。

图 3-54　保温箱

图 3-55　温度计

图 3-56　冰排

图 3-57　隔热板

2.单据：药品出库复核记录单（见图 3-58）、装箱单（见图 3-59）。

出库日期	购货单位	药品名称	剂型	规格	生产企业	批号	有效期	数量	质量情况
2021/7/1	××医院	注射用紫杉醇脂质体	针剂	30mg	南京绿叶制药有限公司	219070309	2023/12/31	64瓶	

复核人：　　　　　　　　　　　　　　　　　　　　　　　　　复核日期：

图 3-58　×××医药有限公司出库复核记录单

装箱日期	购货单位	药品名称	剂型	规格	生产企业	批号	有效期	数量
2021/7/1	××医院	注射用紫杉醇脂质体	针剂	30mg	南京绿叶制药有限公司	219070309	2023/12/31	64瓶

图 3-59　×××医药有限公司装箱单

操作步骤

步骤一　药品复核

检查药品品名、数量、规格、厂家、包装、标签、批号、有效期等。

步骤二　药品装保温箱

1.阅读保温箱使用注意事项（图 3-60）。

2.将冰排放入保温箱。

3.放入隔热板。

保温箱使用注意事项

根据验证结论，保温箱按以下要求使用：

1.保温箱在使用前，请先检查保温箱温度显示是否正常，密闭性是否良好。

2.保温箱装箱前应先在冷库中预冷。

3.选择保温箱专用冷冻冰排（冷冻时间 36 小时以上）2 块，在保温箱里面按左、右摆放。

4.运输时长不得超过 6 小时，运输途中开箱时间不超过 5 分钟。

×××医药有限公司

质量管理部

图 3-60　保温箱使用注意事项

4.放入药品。

5.放入温度计。

6.放入适量的填充物。

7.装箱单放置在最上面。

8.将保温箱封闭。

步骤三　放置待发区

将保温箱放置冷库待发区。

步骤四　清理复核台

将复核台上的工具整理好。

步骤五　单据填写

完成出库复核记录单。

注意事项

1.整件药品装箱不能倒置。

2.冰排种类、数量要选取正确。

3.冰排与药品不能直接接触。

4.单据内容填写完整。

评价标准

序号	评价内容	评价标准
1	药品复核	在冷库复核台，按照 GSP 要求检查出库药品
2	药品装保温箱	按照保温箱装箱原则进行操作
3	放置待发区	将保温箱转移至冷库待发区
4	清理复核台	将复核台上的工具整理好
5	单据填写	出库复核记录单内容填写完整

实训 3-4　冷链药品复核拼箱案例 2

现有拣选出来的冷藏药品：聚乙二醇洛塞那肽注射液（0.5ml：0.1mg，江苏豪森药业集团有限公司，10 支），双歧杆菌活菌胶囊［0.35g（含 0.5 亿活菌），丽珠集团丽珠制药厂，20 盒］，该批药品需进行出库复核作业。

1.设施：平板货架、桌子、拣货篮、填充物、塑料袋、小刀、黑色水笔、保温箱（使用注意事项见图 3-61）、冰排、温度计、隔热板（见图 3-2、图 3-7、图 3-30、图 3-54 至图 3-57）。

保温箱使用注意事项

根据验证结论，保温箱按以下要求使用：

1.保温箱在使用前，请先检查保温箱温度显示是否正常，密闭性是否良好。

2.保温箱装箱前应先在冷库中预冷。

3.选择保温箱专用冷冻冰排（冷冻时间 36 小时以上）1 块，专用冷藏冰排（冷藏时间 36 小时以上）1 块，在保温箱里面按左、右摆放。

4.运输时长不得超过 6 小时，运输途中开箱时间不超过 5 分钟。

×××医药有限公司

质量管理部

图 3-61　保温箱使用注意事项

2.单据：药品出库复核记录单（见图 3-62）、装箱单（见图 3-63）。

出库日期	购货单位	药品名称	剂型	规格	生产企业	批号	有效期	数量	质量情况
2021/7/1	××医院	聚乙二醇洛塞那肽注射液	注射剂	0.5ml：0.1mg	江苏豪森药业集团有限公司	HB210518	2020/05/17	10 支	
2021/7/1	××医院	双歧杆菌活菌胶囊	胶囊剂	0.35g（含 0.5 亿活菌）	丽珠集团丽珠制药厂	201231S	2022/12/30	20 盒	

复核人：　　　　　　　　　　　　　　　　　　　　　　　　　　　　　　复核日期：

图 3-62　×××医药有限公司出库复核记录单

装箱日期	购货单位	药品名称	剂型	规格	生产企业	批号	有效期	数量
2021/7/1	××医院	聚乙二醇洛塞那肽注射液	注射剂	0.5ml：0.1mg	江苏豪森药业集团有限公司	HB210518	2020/05/17	10 支
2021/7/1	××医院	双歧杆菌活菌胶囊	胶囊剂	0.35g（含 0.5 亿活菌）	丽珠集团丽珠制药厂	201231S	2022/12/30	20 盒

图 3-63　×××医药有限公司装箱单

操作步骤

同案例1。

注意事项

同案例1。

评价标准

同案例1。

实训3-4 冷链药品复核拼箱案例3

背景资料

现有拣选出来的冷藏药品：混合重组人胰岛素注射液（3ml：300IU，通化东宝药业股份有限公司，10支），双歧杆菌四联活菌片（0.5g×9片×6板，杭州远大生物制药有限公司，4盒），该批药品需进行出库复核作业。

材料准备

1. 设施：平板货架、桌子、填充物、小刀、黑色水笔、保温箱（使用注意事项见图3-60）、冰排、温度计、隔热板（见图3-7、图3-30、图3-54至图3-57）。

2. 单据：药品出库复核记录单（见图3-64）、装箱单（见图3-65）。

出库日期	购货单位	药品名称	剂型	规格	生产企业	批号	有效期	数量	质量情况
2020/7/1	××医院	混合重组人胰岛素注射液	注射液	3ml：300IU	通化东宝药业股份有限公司	3M12020127383	2023/11/30	10支	
2020/7/1	××医院	双歧杆菌四联活菌片	片剂	0.5g×9片×6板	杭州远大生物制药有限公司	202102109	2023/01/31	4盒	

复核人：　　　　　　　　　　　　　　　　　　　复核日期：

图3-64　×××医药有限公司出库复核记录单

装箱日期	购货单位	药品名称	剂型	规格	生产企业	批号	有效期	数量
2020/7/1	××医院	混合重组人胰岛素注射液	注射液	3ml：300IU	通化东宝药业股份有限公司	3M12020127383	2023/11/30	10支
2020/7/1	××医院	双歧杆菌四联活菌片	片剂	0.5g×9片×6板	杭州远大生物制药有限公司	202102109	2023/01/31	4盒

图3-65　×××医药有限公司装箱单

操作步骤

同案例1。

实训 3-4 冷链药品复核拼箱案例 4

背景资料

现有拣选出来的冷藏药品：双歧杆菌二联活菌胶囊（210mg×24 粒，上海上药信谊药厂有限公司，5 瓶），精蛋白生物合成人胰岛素注射液 [300IU/ml：3ml，诺和诺德（中国）制药有限公司，5 支]，该批药品需进行出库复核作业。

材料准备

1.设施：平板货架、桌子、填充物、小刀、黑色水笔、保温箱（使用注意事项见图 3-60）、冰排、温度计、隔热板（见图 3-7、图 3-30、图 3-54 至图 3-57）。

2.单据：药品出库复核记录单（见图 3-66）、装箱单（见图 3-67）。

出库日期	购货单位	药品名称	剂型	规格	生产企业	批号	有效期	数量	质量情况
2020/7/1	××医院	双歧杆菌二联活菌胶囊	胶囊剂	210mg×24 粒	上海上药信谊药厂有限公司	04820210110	2023/01/14	5瓶	
2020/7/1	××医院	精蛋白生物合成人胰岛素注射液	注射液	300IU/ml：3ml	诺和诺德（中国）制药有限公司	2020082702	2023/01/31	5支	

复核人：　　　　　　　　　　　　　　　　　　　　　　　　　　　　　　　　复核日期：

图 3-66 ×××医药有限公司出库复核记录单

装箱日期	购货单位	药品名称	剂型	规格	生产企业	批号	有效期	数量
2020/7/1	××医院	双歧杆菌二联活菌胶囊	胶囊剂	210mg×24 粒	上海上药信谊药厂有限公司	04820210110	2023/01/14	5瓶
2020/7/1	××医院	精蛋白生物合成人胰岛素注射液	注射液	300IU/ml：3ml	诺和诺德（中国）制药有限公司	2020082702	2023/01/31	5支

图 3-67 ×××医药有限公司装箱单

操作步骤

同案例 1。

注意事项

同案例1。

评价标准

同案例1。

实训3-4　冷链药品复核拼箱案例5

背景资料

现有拣选出来的冷藏药品（一整件）：注射用硫酸长春新碱（1mg，广东岭南制药有限公司，30支），该药品需进行出库复核作业。

材料准备

1.设施：平板货架、桌子、填充物、小刀、黑色水笔、保温箱（使用注意事项见图3-60）、冰排、温度计、隔热板（见图3-7、图3-30、图3-54至图3-57）。

2.单据：药品出库复核记录单（见图3-68）、装箱单（见图3-69）。

出库日期	购货单位	药品名称	剂型	规格	生产企业	批号	有效期	数量	质量情况
2020/7/1	××医院	注射用硫酸长春新碱	注射剂	1mg	广东岭南制药有限公司	219070309	2021/06/30	30支	

复核人：　　　　　　　　　　　　　　　　　　　　　　复核日期：

图3-68　×××医药有限公司出库复核记录单

装箱日期	购货单位	药品名称	剂型	规格	生产企业	批号	有效期	数量
2020/7/1	××医院	注射用硫酸长春新碱	注射剂	1mg	广东岭南制药有限公司	219070309	2021/06/30	30支

图3-69　×××医药有限公司装箱单

操作步骤

同案例1。

注意事项

同案例1。

评价标准

同案例1。

实训3-4　冷链药品复核拼箱案例6

背景资料

现有拣选出来的冷藏药品：胰岛素注射液（10ml：400IU，珠海联邦制药股份有限公司，10支），双歧杆菌活菌胶囊［0.35g（含0.5亿活菌），丽珠集团丽珠制药厂，20盒］，该批药品需进行出库复核作业。

材料准备

1.设施：平板货架、桌子、填充物、小刀、黑色水笔、保温箱（使用注意事项见图3-61）、冰排、温度计、隔热板（见图3-7、图3-30、图3-54至图3-57）。

2.单据：药品出库复核记录单（见图3-70）、装箱单（见图3-71）。

出库日期	购货单位	药品名称	剂型	规格	生产企业	批号	有效期	数量	质量情况
2021/6/1	××药店	胰岛素注射液	注射剂	10ml：400IU	珠海联邦制药股份有限公司	220070309	2021/12/31	10支	
2021/6/1	××药店	双歧杆菌活菌胶囊	胶囊剂	0.35g（含0.5亿活菌）	丽珠集团丽珠制药厂	201231S	2022/12/30	20盒	

复核人：　　　　　　　　　　　　　　　　　　　　　　　　　　　复核日期：

图3-70　×××医药有限公司出库复核记录单

装箱日期	购货单位	药品名称	剂型	规格	生产企业	批号	有效期	数量
2021/6/1	××药店	胰岛素注射液	注射剂	10ml：400IU	珠海联邦制药股份有限公司	220070309	2021/12/31	10支
2021/6/1	××药店	双歧杆菌活菌胶囊	胶囊剂	0.35g（含0.5亿活菌）	丽珠集团丽珠制药厂	201231S	2022/12/30	20盒

图3-71　×××医药有限公司装箱单

操作步骤

同案例1。

注意事项

同案例1。

评价标准

同案例1。

实训3-4　冷链药品复核拼箱案例7

背景资料

现有拣选出来的冷藏药品（一整件）：注射用重组人白介素-2（100万IU/支，江苏金丝利药业有限公司，60支），该药品需进行出库复核作业。

材料准备

1.设施：平板货架、桌子、填充物、小刀、黑色水笔、保温箱（使用注意事项见图 3-72）、冰排、温度计、隔热板（见图 3-7、图 3-30、图 3-54 至图 3-57）。

保温箱使用注意事项

根据验证结论，保温箱按以下要求使用：

1. 保温箱在使用前，请先检查保温箱温度显示是否正常，密闭性是否良好。
2. 保温箱装箱前应先在冷库中预冷。
3. 选择保温箱专用冷冻冰排（冷冻时间 36 小时以上）4 块，在保温箱四个侧面摆放。
4. 运输时长不得超过 6 小时，运输途中开箱时间不超过 5 分钟。

×××医药有限公司

质量管理部

图 3-72　保温箱使用注意事项

2. 单据：药品出库复核记录单（见图 3-73）、装箱单（见图 3-74）。

出库日期	购货单位	药品名称	剂型	规格	生产企业	批号	有效期	数量	质量情况
2020/9/1	××医院	注射用重组人白介素-2	注射剂	100 万 IU/支	江苏金丝利药业有限公司	219070309	2021/12/31	60 支	

复核人：　　　　　　　　　　　　　　　　　　　　　　　　　　　复核日期：

图 3-73　×××医药有限公司出库复核记录单

装箱日期	购货单位	药品名称	剂型	规格	生产企业	批号	有效期	数量
2020/9/1	××医院	注射用重组人白介素-2	注射剂	100 万 IU/支	江苏金丝利药业有限公司	219070309	2021/12/31	60 支

图 3-74　×××医药有限公司装箱单

操作步骤

同案例 1。

注意事项

同案例 1。

评价标准

同案例 1。

实训 3-4　冷链药品复核拼箱案例 8

背景资料

现有拣选出来的冷藏药品：注射用尿激酶（25 万 IU/支，苏州新宝制药有限公司，10 支），双凝血酶冻干粉（500IU/支，湖南一格制药有限公司，20 盒），该批药品需进行出库复核作业。

材料准备

1. 设施：平板货架、桌子、填充物、小刀、黑色水笔、保温箱（使用注意见图 3-61）、冰排、温度计、隔热板（见图 3-7、图 3-30、图 3-54 至图 3-57）。

2. 单据：药品出库复核记录单（见图 3-75）、装箱单（见图 3-76）。

出库日期	购货单位	药品名称	剂型	规格	生产企业	批号	有效期	数量	质量情况
2021/7/1	××医院	注射用尿激酶	粉针	25万 IU	苏州新宝制药有限公司	220090109	2022/01/31	10 支	
2021/7/1	××医院	双凝血酶冻干粉	粉针	500IU	湖南一格制药有限公司	201231S	2022/12/30	20 盒	

复核人：　　　　　　　　　　　　　　　　　　　　　　　　　复核日期：

图 3-75　×××医药有限公司出库复核记录单

装箱日期	购货单位	药品名称	剂型	规格	生产企业	批号	有效期	数量
2021/7/1	××医院	注射用尿激酶	粉针	25万 IU/支	苏州新宝制药有限公司	220090109	2022/01/31	10 支
2021/7/1	××医院	双凝血酶冻干粉	粉针	500IU/支	湖南一格制药有限公司	201231S	2022/12/30	20 盒

图 3-76　×××医药有限公司装箱单

操作步骤

同案例 1。

注意事项

同案例 1。

评价标准

同案例 1。

实训 3-4　冷链药品复核拼箱案例 9

背景资料

现有拣选出来的冷藏药品（一整件）：亚叶酸钙注射液（3ml：30mg，江苏恒瑞医药股份有限公司，50 支），该药品需进行出库复核作业。

材料准备

1. 设施：平板货架、桌子、填充物、小刀、黑色水笔、保温箱（使用注意见图 3-72)、冰排、温度计、隔热板（见图 3-7、图 3-30、图 3-54 至图 3-57)。

2.单据：药品出库复核记录单（见图 3-77)、装箱单（见图 3-78)。

出库日期	购货单位	药品名称	剂型	规格	生产企业	批号	有效期	数量	质量情况
2021/7/1	××药店	亚叶酸钙注射液	注射剂	3ml；30mg	江苏恒瑞医药股份有限公司	220070309	2021/12/31	50 支	

复核人：　　　　　　　　　　　　　　　　　　　　　　　　　　　　　　　　复核日期：

图 3-77　×××医药有限公司出库复核记录单

装箱日期	购货单位	药品名称	剂型	规格	生产企业	批号	有效期	数量
2021/7/1	××药店	亚叶酸钙注射液	注射剂	3ml；30mg	江苏恒瑞医药股份有限公司	220070309	2021/12/31	50 支

图 3-78　×××医药有限公司装箱单

操作步骤

同案例 1。

注意事项

同案例 1。

评价标准

同案例 1。

实训 3-4　冷链药品复核拼箱案例 10

背景资料

现有拣选出来的冷藏药品：鲑鱼降钙素注射液（1ml：50IU/支，北京诺华制药有限公司，20 支)，注射用长春新碱（1mg/支，广东岭南制药有限公司，30 盒)，该批药品需进行出库复核作业。

材料准备

1.设施：平板货架、桌子、填充物、小刀、黑色水笔、保温箱（使用注意见图 3-79)、冰排、温度计、隔热板（见图 3-7、图 3-30、图 3-54 至图 3-57)。

2.单据：药品出库复核记录单（见图 3-80)、装箱单（见图 3-81)。

操作步骤

同案例 1。

注意事项

保温箱使用注意事项

根据验证结论，保温箱按以下要求使用：

1. 保温箱在使用前，请先检查保温箱温度显示是否正常，密闭性是否良好。

2. 保温箱装箱前应先在冷库中预冷。

3. 选择保温箱专用冷冻冰排（冷冻时间 36 小时以上）2 块，在保温箱里面按左、右摆放，专用冷藏冰排（冷藏时间 36小时以上）2 块，在保温箱里面按前、后摆放。

4. 运输时长不得超过 6 小时，运输途中开箱时间不超过 5 分钟。

×××医药有限公司

质量管理部

图 3-79　保温箱使用注意事项

出库日期	购货单位	药品名称	剂型	规格	生产企业	批号	有效期	数量	质量情况
2020/4/1	××医院	鲑鱼降钙素注射液	注射剂	1ml: 50IU	北京诺华制药有限公司	220070309	2021/01/31	20 支	
2020/4/1	××医院	注射用长春新碱	粉针	1mg/支	广东岭南制药有限公司	201231S	2021/06/30	30 盒	

复核人：　　　　　　　　　　　　　　　　　　　　　　复核日期：

图 3-80　×××医药有限公司出库复核记录单

装箱日期	购货单位	药品名称	剂型	规格	生产企业	批号	有效期	数量
2020/4/1	××医院	鲑鱼降钙素注射液	注射剂	1ml: 50IU	北京诺华制药有限公司	220070309	2021/01/31	20 支
2020/4/1	××医院	注射用长春新碱	粉针	1mg/支	广东岭南制药有限公司	201231S	2021/06/30	30 盒

图 3-81　×××医药有限公司装箱单

同案例 1。

评价标准

同案例 1。

实训 3-5　特殊药品复核拼箱

背景资料

现有拣选出来的二类精神药品：艾司唑仑片（1mg×20 片×1 板，常州四药制药有限公司，30 盒），苯巴比妥片（30mg×100 片，山西云鹏制药有限责任公司，20 瓶），该批药品需进行出库复核作业。

材料准备

1. 设施：托盘、桌子、拣货篮、填充物、塑料袋、标贴、胶带纸、封箱器、小刀、纸箱、黑色水笔（见图 3-2、图 3-8、图 3-30 至图 3-33）。

2.单据：药品出库复核记录单（见图 3-82）、装箱单（见图 3-83）。

出库日期	购货单位	药品名称	剂型	规格	生产企业	批号	有效期	数量	质量情况
2021/7/1	××医院	艾司唑仑片	片剂	1mg×20 片×1 板	常州四药制药有限公司	AS20210315B	2023/03/14	30 盒	
2021/7/1	××医院	苯巴比妥片	片剂	30mg×100 片	山西云鹏制药有限责任公司	210421	2023/04/20	20 瓶	

复核人：   复核日期：

图 3-82 ×××医药有限公司出库复核记录单

装箱日期	购货单位	药品名称	剂型	规格	生产企业	批号	有效期	数量
2021/7/1	××医院	艾司唑仑片	片剂	1mg×20 片×1 板	常州四药制药有限公司	AS20210315B	2023/03/14	30 盒
2021/7/1	××医院	苯巴比妥片	片剂	30mg×100 片	山西云鹏制药有限责任公司	210421	2023/04/20	20 瓶

图 3-83 ×××医药有限公司装箱单

操作步骤

步骤一 药品复核

检查药品品名、数量、规格、厂家、包装、标签、批号、有效期等。

步骤二 药品拼箱

1.选择合适的纸箱。

2.按照大不压小、重不压轻、整不压零、固液分离、正反不倒置的原则进行装箱。

3.放入适量的填充物。

4.装箱单放置在最上面。

步骤三 封箱与贴签

1.将纸箱封闭。

2.在纸箱外贴签。

步骤四 放置待发区

将药品放置二类精神药品专库待发区。

步骤五 清理复核台

将复核台上的工具整理好。

步骤六 单据填写

完成出库复核记录单。

注意事项

1.零头药品最小包装应逐一复核。

2.装箱不能倒置、不能爆箱。

3.药品封箱应确保牢固。

4.箱外标签不能倒置。

5.单据内容填写完整。

评价标准

序号	评价内容	评价标准
1	药品复核	在二类精神药品专库复核台,按照 GSP 要求检查出库药品
2	药品拼箱	按照装箱原则进行操作
3	封箱与贴签	封箱牢固,贴上相关标签
4	放置待发区	将药品转移至二类精神药品专库待发区
5	清理复核台	将复核台上的工具整理好
6	单据填写	出库复核记录单内容填写完整

项目四
运输与配送

任务一　医药商品运输配送作业

技能目标

1. 能分析订单中医药商品的类别、运输要求，选择合适的运输方式和路线。
2. 能分析订单中不同的医药商品所需相关证明。
3. 能对承运方进行正确的考核评估。
4. 能与承运部门联系办理医药商品委托运输业务。
5. 能按医药商品运输方式填写并传递运输单证。
6. 能按装车顺序、医药商品运输要求和指示标志进行装车。
7. 能依据规范完成冷藏、冷冻医药商品装车。
8. 能按预定的时间和路线将客户需求的医药商品送达。
9. 能完成医药商品送货与交付。
10. 能执行送货过程中的应急预案。
11. 能正确计算运输成本。

实训 4-1　运输调度

背景资料

A市医药物流中心，现需要对下属门店实施运输配送服务，车辆调度部门实施调度。请问：①车辆调度的原则有哪些？②运输有温度要求的药品，车辆调度的要求有哪些？③运输麻醉和第一类精神药品，车辆调度的要求有哪些？④编排路线时考虑的主要变量有哪些？⑤请结合以下给定的门店、订单（普通药品）及车辆信息，在满足交货时间及场地要求的情况下，给案例内门店选择合适的车型及配送方案，使单箱运输成本最低（表4-1、表4-2）。

表4-1　可选车型信息

项目车型	车型代码	净载重	车厢内径长	车厢内径宽	车厢内径高	车厢总高	A市配送车价格		
							起步费(含1个店配送)	加点费	公里数
4.2米厢式货车	402	1.5t	4.2m	2.1m	1.8m	3.1m	450元/趟	80元/店	上海市限60km
5.2米厢式货车	502	4t	5.2m	2.1m	2m	3.4m	550元/趟	100元/店	上海市限60km

注：4.2米车，市内60～80km，550元/趟，超过80km，650元/趟；5.2米车，市内60～80km，650元/趟，超过80km，750元/趟。

表4-2　门店及订单基础信息

门店名称	门店编号	门店类型	订单箱数	车型策略	装载形式	到店日期	距离总仓里程(km)	最早可收货时间	最晚可收货时间	地址信息
东方店	10105	居民	210	402	散装	6月1日	47	20:00	21:00	浦东区新金桥路1599号17幢
丁香店	10821	商场	200	402	散装	6月1日	49	21:00	22:00	浦东新区丁香路880弄丁香国际商业中心
灵山店	10102	居民	250	402	散装	6月1日	52	14:00	15:00	浦东区灵山路1759号
珠江店	10504	居民	300	502	散装	6月1日	50	20:00	21:00	浦东新区龙东大道3000号1幢
恒生店	20131	医保	350	502	散装	6月1日	51	21:00	22:00	浦东新区高科东路515弄

箱体积0.03m^3，每箱重3kg。

1.请根据背景资料，按评价标准要求列出车辆调度的原则。

2.请根据背景资料，按评价标准要求列出运输有温度要求的药品，车辆调度的要求及冷藏车的要求。

3.请根据背景资料，按评价标准要求列出运输麻醉和第一类精神药品，车辆调度的要求。

4.请根据背景资料，按评价标准要求列出编排路线时考虑的主要因素。

5.请根据背景资料，按评价标准要求列出合适的车型及配送方案。

注意事项

1.遵守法律规范，增强安全意识。

2.科学合理安排，提高物流效率。

评价标准

评价内容	评价标准			
车辆调度原则	按制度调度原则			
	科学合理调度原则			
	灵活机动调度原则			
冷藏、冷冻药品调度要求及冷藏车要求	调度要求：对运输有温度控制要求的药品,应配置具备保温或者冷藏、冷冻措施的运输工具			
	冷藏车要求：冷藏车具有自动调控温度的功能,其配置符合国家相关标准要求;冷藏车厢具有防水、密闭、耐腐蚀等性能,车厢内部留有保证气流充分循环的空间			
麻醉和一类精神运输调度要求	需要配备专人并携带《麻醉药品、第一类精神药品运输证明》(副本)			
	运输具有特殊质量特性的药品时,调度时应优先安排配送			
编排路线时考虑的因素	地理位置、客户数量、客户需求量、车辆的装载量、送货时间、交通限制条件(限高、限行)、货物属性			
车型及配送方案	车型选择及配送方案制订			

门店线路	选定车型(填代码)	配送门店1(填代码)	配送门店2(填代码)	线路编排理由说明
线路1	402	10105	10821	地点相邻,收货时间相近,可以满载4.2米车
线路2	402	10102		收货时间与其他门店无法搭配,只能单独配送
线路3	502	10504	20131	地点相邻,收货时间相近,可以满载5.2米车

评价内容	评价标准
车型及配送方案	运输成本核算 其中　线路1门店 1.29 元/箱＝(450 元＋80 元)/410 箱 　　　线路2门店 1.8 元/箱＝450 元/250 箱 　　　线路3门店 1 元/箱＝(550 元＋100 元)/650 箱

门店代码	中文名称	订单箱数(箱)	单箱运输成本(元/箱)	运输总费用(元)
10105	东方店	210	1.29	270.9
10821	丁香店	200	1.29	258
10102	灵山店	250	1.8	450
10504	珠江店	300	1	300
20131	恒生店	350	1	350

实训 4-2　自营运输案例 1 普通药品

背景资料

A 公司是一家大型药品经营企业，向 B 公司（上游公司）采购 50 箱"对乙酰氨基酚片"，每箱 50 盒，B 公司开展配送运输服务。请问：①B 公司整个运输步骤是怎样的？②每一步骤具体有何要求？

操作要求

1.请根据背景资料，按评价标准要求列出药品运输步骤。

2.请根据背景资料，按评价标准要求列出药品各运输步骤的要求。

注意事项

1.严格按照药品自营运输作业的过程进行操作，不可忽略任何一步。

2.在核对货物和单据的过程中要严格按照规范要求认真仔细核对，如实填写上报，体现诚信、严谨的工作态度。

3.遵守服务第一的原则，按照药品运输要求履行运输服务，具有服务意识。

评价标准

评价内容	评价标准
选择药品运输工具	是否是封闭式货车
	普通药品应当使用厢式车

评价内容	评价标准
装车前检查	检查运输工具是否符合发运要求,车辆安全性能及卫生状况,并做好车辆检查记录
	运输条件不符合规定的,不得发运
运输员提货作业	查验单据:普通药品主要查看是否备有随货同行单、发票、药品质检报告等质量文件
	查验货物件数及包装状况
	检查的同时需要做好检查记录
	如遇异常情况,做好异常处理
装车作业	确定装车顺序
	配装作业要求
在途运输	运输过程中,运载工具应当保持密闭。药品应及时发运并尽快送达,防止运输时间过长影响药品质量
	采取安全保障措施,防止运输途中发生盗抢、遗失、调换等事故
	如遇意外事故,采取应急预案
药品到货交付作业	药品卸车码放
	药品点交签收
	如遇异常情况,做好异常情况处理
提退货交接作业	将退换药品随车带回,做好标识
返回交接	正常回单交接
	拒收交接,退货商品交退货组并填写《临时退货凭证》
	提退货返回交接

实训 4-2 自营运输案例 2 冷藏、冷冻药品

背景资料

A 公司是一家大型药品经营企业,向 B 公司(上游公司)采购 50 件"注射用头孢硫脒",每件 200 支,B 公司开展配送运输服务。请问:①如何为 B 公司运送此类药品设计合理的应急预案?②采用冷藏车运输,装车时,对药品在运输车辆内的码放有何要求?③运输途中有何要求?

操作要求

1.请根据背景资料,按评价标准要求列出应急预案的操作要求。

2.请根据背景资料,按评价标准要求列出车辆内码放药品的要求。

3.请根据背景资料，按评价标准要求列出运输的要求。

注意事项

1.遵守服务第一的原则，按照运输协议履行运输服务。
2.增强药品安全法治意识，为人民群众把好药品质量关。

评价标准

评价内容	评价标准
药品在途运输应急预案	及时上报
	制冷设备一般故障：自行排查，使用随车携带工具进行维修 制冷设备特殊故障：无法排除的，根据指令在冷藏车最大保温时限内采取措施
	根据车辆所处位置判断剩余路程行驶时间及返程时间，在冷藏车最大保温时限内，将药品送达客户或返回公司
	如在冷藏车最大保温时限内无法保证送达或返回公司，联系就近的冷库暂存
	异常气候：应注意运输安全，在冷藏运输设备保温时限内停车躲避，将货物尽快送达或返程
	交通拥堵：应保证车辆燃油充足，制冷机可持续运行
	记录自行施救关键节点的相关时间、操作内容
药品装车码放	冷藏车厢内，药品与厢内前板距离不小于10cm
	与后板、侧板、底板间距不小于5cm
	药品码放高度不得超过制冷机组出风口下沿
药品途中运输	应实时监测并记录冷藏车的温度数据，及时查看温度状况
	如温度出现异常，及时报告处理
	如遇意外事故，采取应急预案

实训 4-2　自营运输案例 3 冷藏、冷冻药品

背景资料

　　市内某医院急需凝血酶冻干粉 50 盒（1000IU/瓶×10 瓶/盒），A 公司（大型药品经营企业）决定单独安排配送。A 公司拥有普通厢式货车、冷藏车、保温箱、冰排等设备。如果你是 A 公司药品运输员，请根据 GSP 和企业运输操作规程要求，完成本批药品的运输作业。

操作要求

1.请根据背景资料,按评价标准要求列出配送最优方式。

2.请根据背景资料,按评价标准要求列出自营运输作业过程的操作要求。

注意事项

1.培养社会责任感和职业担当。

2.增强药品安全意识,遵守相关法律规范。

评价标准

序号	评价内容	评价标准
1	选择药品运输工具	选用保温箱,通过普通厢式货车配送
2	装车前检查	检查车辆安全性能及卫生状况
		填写车辆检查记录
3	装箱操作	装箱前将冷藏箱、保温箱预热或预冷至符合药品包装标示的温度范围内
		按照确定的条件,在保温箱内合理配备与温度控制及运输时限相适应的蓄冷剂
		保温箱内使用隔热装置,将药品与低温蓄冷剂进行隔离
		药品装箱后,冷藏箱启动动力电源和温度监测设备,保温箱启动温度监测设备,检查设备运行正常后,将箱体密闭
4	运输员提货作业	冷藏药品在冷库中进行提货作业
		依据提货单提货,检查随货同行单、发票、药品质检报告及温控药品运输交接单
		检查包装情况、核对药品标签信息、检查是否加贴内附温度记录仪标识,并填写检查记录
		单货核对时出现异常情况及时联系现场管理人员处理,并填写交接异常记录
5	在途运输	实时监测并记录保温箱的温度数据
		如温度出现异常,及时报告处理
		如遇意外事故,采取应急预案
6	到货交付作业	尽快将保温箱搬运到冷藏区域
		交接随货同行单,协助清点药品
		若客户拒收部分或全部药品,通知物流和销售部门。原车退回时,填写《原车退回通知单》

序号	评价内容	评价标准
7	提退货交接作业	清点、核对、检查退货或拒收药品
		带回相关单据
8	返回交接	随货同行单签收回单联交调度室
		保温箱、冰排返还仓库，并放到指定位置
		拒收药品填写《临时退货凭证》
		退货药品与提货单一起与退货组交接，并提供温度数据

实训 4-2　自营运输案例 4 特殊管理药品

背景资料

　　A 公司是一家全国性药品批发企业，向外省的 B 公司（定点生产企业）采购 50 件"吗啡阿托品注射液"，每件 100 支，B 公司开展配送运输服务。请问：①对药品运输工具有何要求？②对药品运输审批有何要求？③该药品运输途中，有何要求？④该批药品验收合格入库后，市内某医院急需该品种 50 支，A 公司决定单独安排配送。请为 A 公司设计该配送最优方式以及发货配送操作要求。

材料准备

　　1. 麻醉药品、第一类精神药品运输证明申请表如图 4-1。
　　2. 麻醉药品、第一类精神药品运输证明（副本）如图 4-2。

操作要求

　　1. 请根据背景资料，按评价标准要求列出对药品运输工具的要求。
　　2. 请根据背景资料，按评价标准要求列出药品运输审批要求。
　　3. 请根据背景资料，按评价标准要求列出运输途中的要求。
　　4. 请根据背景资料，按评价标准要求列出发货配送操作要求。

注意事项

　　1. 严格按照《麻醉药品和精神药品运输管理办法》履行运输服务工作，遵守法律法规，具有较强的法律意识和职业道德。
　　2. 注意运输证明的有效期，运输证明在有效期满前 1 个月需重新办理，过期后 3 个月内将原运输证明上缴发证机关。
　　3. 具有安全意识和应变能力。

麻醉药品、第一类精神药品运输证明申请表

申请运输单位				
地　　址			申请副本数量	
经 办 人		身份证号		
联系电话		移动电话		
运输期限	自　年　月　日起至　年　月　日止			

申请运输麻醉药品、第一类精神药品名称＊：

申请单位盖章
年　月　日

＊ 药品名称以国家批准的药品注册证明文件为准。

图 4-1　麻醉药品、第一类精神药品运输证明申请表

麻醉药品、第一类精神药品运输证明（副本）

编号：省汉字简称-年号-正本流水号

　　根据国务院发布的《麻醉药品和精神药品管理条例》，允许持证单位运输本证明所列的麻醉药品和第一类精神药品。

发货单位名称：

发货单位联系电话：

发证机关联系电话：

运输证明有效期限：　自　　　　　　　起至　　　　　　　止

准予运输麻醉药品、第一类精神药品名称：

发证机关
年　　月　　日

图 4-2　麻醉药品、第一类精神药品运输证明（副本）

评价内容	评价标准
药品运输工具要求	道路运输麻醉药品和第一类精神药品必须采用封闭式车辆,有专人押运,中途不应停车过夜
	铁路运输应当采用集装箱或行李车运输麻醉药品和第一类精神药品。采用集装箱运输时,应确保箱体完好,施封有效
运输审批	托运或自行运输麻醉药品和第一类精神药品的单位,应当向所在地省、自治区、直辖市人民政府药品监督管理部门申请领取运输证明,有效期为1年,运输证明应由专人保管,不得涂改、转让、转借
	发货人在发货前应当向所在地省、自治区、直辖市人民政府药品监督管理部门报送本次运输的相关信息
	属于跨省、自治区、直辖市运输的,收到信息的药品监督管理部门应当向收货人所在地的同级药品监督管理部门通报;属于在本省、自治区、直辖市行政区域内运输的,收到信息的药品监督管理部门应当向收货人所在地设区的市级药品监督管理部门通报
在途运输	运输途中应当携带运输证明副本,以备查验
	采取安全保障措施,防止运输途中被盗、被抢、丢失
	如遇意外事故,采取应急预案
药品发货配送	申请领取运输证明,由专人负责押运
	发货人在发货前应当向所在地省、自治区、直辖市人民政府药品监督管理部门报送本次运输的相关信息。属于跨省、自治区、直辖市运输的,收到信息的药品监督管理部门应当向收货人所在地的同级药品监督管理部门通报;属于在本省、自治区、直辖市行政区域内运输的,收到信息的药品监督管理部门应当向收货人所在地设区的市级药品监督管理部门通报
	及时办理运输手续,设置特殊药品运输记录,尽量缩短货物在途时间
	采取相应的安全措施,防止麻醉药品、精神药品在装卸和运输过程中被盗、被抢或丢失
	如遇意外事故,采取应急预案

实训 4-2　自营运输案例 5 易制毒化学品

背景资料

A 公司是一家大型药品生产企业,向外市的 B 公司采购"伪麻黄碱""哌啶""盐酸"各 50 件作为原料药,B 公司开展运输服务。请问:①对该批原料药运输审批有何要求?②如何申请该批原料药的运输许可证。③该批原料药在运输途中，有何要求？

材料准备

1.易制毒化学品运输许可证申报及备案流程如图 4-3。

2.第一类、第二类易制毒化学品运输许可证样本如图 4-4，易制毒化学品标识如图 4-5。

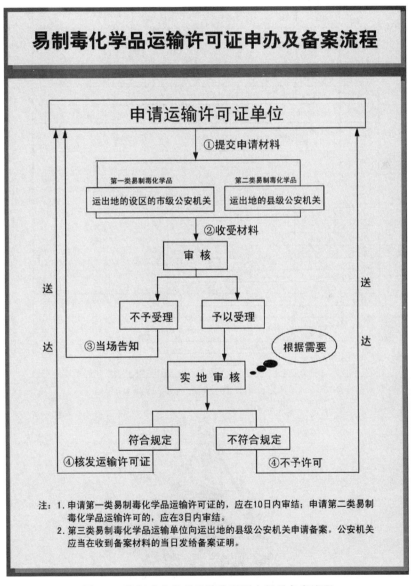

图 4-3　易制毒化学品运输许可证申报及备案流程

第一类、第二类易制毒化学品运输许可证

证书号：450203YX1　　　　校验码：　3C204025000L1

公文号：柳南公禁易[2017]年第　　　号

发货单位	名　称	柳州市　　　　有限公司	住所/地址	柳州市　号
	法定代表人		电话	0772-
运输物品	品　名	乙醚试剂	许可证/备案证明	451324GB170
	数　量	伍仟毫升（5000ml）	包　装	玻璃瓶
承运单位	名　称	广西　　　　有限公司	住所/地址	金秀县桐木镇
	电　话	0772-38	运输方式	汽车
	号　（次）	桂GS		
	运输路线	自 柳州 经 象州 至 金秀县		
收货单位	名称/姓名	广西　　　　有限公司		
有效日期	自 2017年06月16日　至　2017年09月15日		有效次数	多次有效
申请单位	名称/姓名（单位公章）	柳州市　　　　有限公司		

公安机关：柳州市公安局柳南分局禁毒大队	备注
经办人：沈××	
联系电话：3621×××	
2017年06月16日	

第（ ）批次	承运单位名称		承运单位签注盖章	收货单位签注盖章
	承运单位地址			
	承运单位电话			
	运输数量			
	运输方式			
	运输号（次）			
	运输路线	自　　经　　至	年 月 日	年 月 日
第（ ）批次	承运单位名称		承运单位签注盖章	收货单位签注盖章
	承运单位地址			
	承运单位电话			
	运输数量			
	运输方式			
	运输号（次）			
	运输路线	自　　经　　至	年 月 日	年 月 日

图 4-4　第一类、第二类易制毒化学品运输许可证样本

图 4-5　易制毒化学品标识

1.请根据背景资料，按评价标准要求列出该批原料药运输审批要求。

2.请根据背景资料，按评价标准要求列出该批原料药运输许可证申请步骤。

3.请根据背景资料，按评价标准要求列出运输途中的要求。

注意事项

1.严格按照《易制毒化学品购销和运输管理办法》履行运输服务工作，遵守法律法规，具有较强的法律意识和职业道德。

2.在运输的过程中应主动配合公安机关对运输情况与运输许可证或者备案证明所载内容是否相符等情况进行检查。

3.能够及时处理突发事件，培养安全意识和应变能力。

评价标准

评价内容	评价标准
运输审批	跨区的市级行政区域(直辖市为跨市界)或者在国务院公安部门确定的禁毒形势严峻的重点地区跨县级行政区域运输第一类易制毒化学品的,应当向运出地设区市级人民政府公安机关申请运输许可证
	跨区的市级行政区域(直辖市为跨市界)或者在国务院公安部门确定的禁毒形势严峻的重点地区跨县级行政区域运输第二类易制毒化学品的,应当向运出地县级人民政府公安机关申请运输许可证
	运输第三类易制毒化学品的,应当在运输前向运出地的县级人民政府公安机关备案
运输许可	伪麻黄碱为第一类易制毒化学品,应向运出地设区市级人民政府公安机关申请运输许可证,哌啶为第二类易制毒化学品,应向运出地县级人民政府公安机关申请运输许可证,盐酸为第三类易制毒化学品,应当在运输前向运出地的县级人民政府公安机关备案
	申请易制毒化学品运输许可,应当提交易制毒化学品的购销合同,货主是企业的,应当提交营业执照;货主是其他组织的,应当提交登记证书(成立批准文件);货主是个人的,应当提交其个人身份证明。经办人还应当提交本人的身份证明
	对许可运输第一类易制毒化学品的,发给一次有效的运输许可证。对许可运输第二类易制毒化学品的,发给3个月有效的运输许可证;6个月内运输安全状况良好的,发给12个月有效的运输许可证。易制毒化学品运输许可证应当载明拟运输的易制毒化学品的品种、数量、运入地、货主及收货人、承运人情况以及运输许可证种类

评价内容	评价标准
在途运输	运输人员应当自启运起全程携带运输许可证或者备案证明
	在途运输中随时接受公安机关的检查
	运输易制毒化学品时,运输车辆应当在明显部位张贴易制毒化学品标识
	防止易制毒化学品丢失、被盗、被抢
	如遇意外事故,采取应急预案

实训 4-3　委托运输案例 1 普通药品

背景资料

A 公司是一家大型药品经营企业,某三甲医院向 A 公司采购 50 件"头孢克肟胶囊"。A 公司决定委托 B 公司(物流公司)负责运输。请问:①A 公司应如何开展承运商审计工作?②A 公司需要与 B 公司签订什么协议,协议内容有哪些?③A 公司的委托运输记录应包括哪些内容,记录应保存多长时间?

材料准备

1.《企业法人营业执照》。

2.《道路运输经营许可证》样本见图 4-6。

图 4-6　《道路运输经营许可证》样本

1. 请根据背景资料，按评价标准要求列出承运商审计内容。

2. 请根据背景资料，按评价标准要求列出协议内容。

3. 请根据背景资料，按评价标准要求列出记录内容及保存时间。

注意事项

遵循合规、全面、谨慎的原则选择第三方承运商，有效控制药品运输质量。

评价标准

评价内容	评价标准
承运商审计	资质证照审计：《企业法人营业执照》《道路运输经营许可证》等证件资质
	运输能力审计：索取运输车辆的相关资料
	质量保障能力审计
	服务能力与服务价格审计
	企业声誉及其他能力审计
协议	承运商制定并执行符合要求的运输标准操作规程
	对运输过程中温度控制和实时监测的要求，明确在途时限以及运输过程中的质量安全责任等内容
委托运输记录	包括发货时间、发货地址、收货单位、收货地址、货单号、药品件数、运输方式、委托经办人、承运单位，采用车辆运输的还应当载明车牌号，并留存驾驶人员的驾驶证复印件
	记录应当至少保存 5 年

实训 4-3　委托运输案例 2 冷藏药品

背景资料

A 公司是一家大型药品经营企业，某生物制药公司 B 委托 A 公司将 2 箱 "狂犬病疫苗" 运送至某市疾控中心。请问：①A 公司运输员提货时需要索取哪些单据？②运输途中有何要求？③B 公司应向 A 公司索取哪些资料？

操作要求

1. 请根据背景资料，按评价标准要求列出提货所需单据。

2. 请根据背景资料，按评价标准要求列出在途运输要求。

3.请根据背景资料，按评价标准要求列出委托时需索取的资料。

合规承担委托运输，有效控制药品运输质量。

评价标准

评价内容	评价标准
单据	随货同行单
	发票
	质检报告、生物制品批签发合格证
	温控药品运输交接单、储存全过程温度监测记录（批签发日期之后的在库温度）
药品途中运输要求	应实时监测并记录冷藏车的温度数据，及时查看温度状况
	如温度出现异常，及时报告处理
	如遇意外事故，采取应急预案
索取资料	运输资质文件、运输设施设备和监测系统证明及验证文件、承运人员资质证明、运输过程温度控制及监测等相关资料

实训 4-3　委托运输案例 3 医疗器械

背景资料

A 公司将运输一批基础外科手术器械——医用缝合针（不带线）给医院，因公司运输人员不足，A 公司委托 B 公司进行配送。请问：①该医疗器械属于第几类医疗器械？②B 公司接受 A 公司委托时，应在什么条件下方可承运？③在进行运输配送医疗器械时，需要注意什么？

操作要求

1.请根据背景资料，按评分标准要求列出属于哪一类医疗器械。

2.请根据背景资料，按评分标准要求列出符合委托运输条件。

3.请根据背景资料，按评分标准要求列出医疗器械在运输过程的注意事项。

注意事项

1.服务第一原则，按照运输协议履行运输服务。

2.遵守相关法律规范，增强货品安全、设备安全、人员安全的全面安全意识。

评价内容	评价标准
医疗器械类别	医疗器械分类规则总局令第15号:二类医疗器械
委托承运条件	医疗器械经营监督管理办法:第三十五条医疗器械经营企业委托其他单位运输医疗器械的,应当对承运方运输医疗器械的质量保障能力进行考核评估,明确运输过程中的质量责任,确保运输过程中的质量安全
运输医疗器械有关规定	医疗器械监督管理条例:第三十三条运输、贮存医疗器械,应当符合医疗器械说明书和标签标示的要求;对温度、湿度等环境条件有特殊要求的,应当采取相应措施,保证医疗器械的安全、有效

实训4-3 委托运输案例4冷链医疗器械

背景资料

某医院向某医药公司采购一批"新型冠状病毒2019-nCoV核酸检测试剂盒(荧光PCR法)",该产品为冷链产品,该公司因业务繁忙,委托一家医药物流企业配送,该委托业务应当符合哪些要求?

操作要求

请根据背景资料,按有关规定列出承运方需要符合的要求和需要注意的事项。

注意事项

1.服务第一原则,按照运输协议履行运输服务。

2.遵守相关法律规范,增强货品安全、人员安全、生物安全的全面安全意识。

评分标准

评价内容	评价标准
委托运输冷链管理医疗器械	附件 医疗器械冷链(运输、贮存)管理指南 第十七条 委托其他单位运输冷链管理医疗器械的,应当对承运方的资质及能力进行审核,签订委托运输协议,至少符合以下要求: (一)索要承运方的运输资质文件、运输设施设备和运输管理监测系统验证文件、承运人员资质证明、运输过程温度控制及监测系统验证文件等相关资料。 (二)对承运方的运输设施设备、人员资质、质量保障能力、安全运输能力、风险控制能力等进行委托前和定期审核,审核报告存档备查。 (三)委托运输协议内容应包括:承运方制定的运输标准操作规程、运输过程中温度控制和实时监测的要求、在途时限的要求以及运输过程中的质量安全责任。 (四)必要时根据承运方的资质和条件,委托方可对承运方的相关人员及运输设施设备进行审查和考核

实训 4-3 委托运输案例 5 易制毒化学品

A 公司（制药企业）向 B 经营公司购买 10 瓶硫酸、30 瓶丙酮，因 B 公司运输人员不足，B 公司委托 C 公司进行配送。请问：①B 公司将要运输的货物属于哪一类特殊药品？②在这个委托业务中，C 公司应具备什么条件方可承运？③委托运输过程中注意事项？

操作要求

1. 请根据背景资料，按评分标准要求列出属于哪一类特殊药品。
2. 请根据背景资料，按评分标准要求列出符合委托运输条件。
3. 请根据背景资料，按评分标准要求列出易制毒化学品在运输过程中注意的问题。

注意事项

1. 服务第一原则，按照运输协议履行运输服务。
2. 增强安全意识，遵守易制毒化学品运输管理条例等相关法律规范。

评分标准

评价内容	评价标准
化学品分类	《易制毒化学品管理条例》附表 易制毒化学品的分类和品种目录：硫酸、丙酮都属于易制毒化学品第三类
委托承运 所需条件	《易制毒化学品管理条例》第二十四条：C 公司应当查验 B 公司提供的运输许可证或者备案证明
	C 公司应当查验所运货物与 B 公司运输许可证或者备案证明载明的易制毒化学品品种等情况是否相符；不相符的不得承运
运输过程 注意事项	《易制毒化学品管理条例》第二十四条：运输人员应当自启运起全程携带运输许可证或者备案证明
	C 公司应当配合公安机关在易制毒化学品的运输过程中的检查
	应当遵守国家有关货物运输的规定

实训 4-4 运输成本核算

背景资料

上海市某医药公司，①现需要将一批"注射用重组人尿激酶原"从上海运到广州，采用保温箱包装，货物毛重为 40kg，体积为 $0.3m^3$。采用航空运输的方式，请核算航空运费。②公司需要从上海普陀区到广州白云区运输一批鱼腥草滴眼液 800 箱，每箱毛重 7kg，采用铁路整车运输，请核算运输费用。③公司还需要从上海普陀区到南京下关区运输格列美脲片 20 箱，采用公路零担运输，每箱尺寸为 60cm×20cm×14cm，每箱重量为 2.3kg，请核算运输费用。

操作要求

步骤一　确定计费重量

1.航空运输：①计算体积重量，即将货物体积按每 6000cm³ 折算成 1kg 的标准。0.3/0.006＝50kg。②实际重量与体积重量比较，50kg＞40kg。③按照"择大计收"原则，确定计费重量为 50kg。

2.铁路运输：整车货物以吨为单位，吨以下四舍五入。整车计费重量为：800×7＝5600kg＝5.6t≈6t。

3.公路零担运输：公路零担以千克为单位。计费重量为：20×2.3＝46kg。

步骤二　确定货物运价

1.航空运输：通过运价分类表（表 4-3），得知该药品是生物制品，属于等级货物，上海到广州等级货物运价为 CNY 9.6 元/千克。

表 4-3　国内航线货物运价表（上海始发）　　　　单位：元

目的地机场	代码	普通货物运价					等级货物运价
		最低运价	基础运价	45kg 以上	100kg 以上	300kg 以上	S
		M	N	Q45	Q100	Q300	
广州	CAN	60	6.4	5.1	4.5	3.8	9.6

2.铁路运输：根据《铁路货物运输品名分类与代码表》《铁路货物运输品名检查表》确定运价号，根据铁路货物运价率（图 4-7）确定运价率。医药类属于整车 6 号运价，发到基价为 8.50 元/吨，运行基价为 0.0390 元/（吨·千米）。

3.公路运输：零担货物运价（常温车）为 0.01 元/（千克·千米）。

步骤三　确定计费里程

1.航空运输：不需要此步。

2.铁路运输：根据《货物运价里程表》，上海—广州，计费里程为 1803km。

3.公路运输：零担，上海普陀区—南京下关区 310km。

步骤四　计算运费

1.航空运输：航空运费＝计费重量×运价

50×9.6＝CNY480，与最低运费 CNY60 比较，所以该票货物航空运费

办理类别	货价号	发到基价		运行基价			
单位	标准	单位	标准	单位	标准		
整车	1	元/吨	4.60	元/(吨·千米)	0.0212		
	2	元/吨	5.40	元/吨公里	0.0243		
	3	元/吨	6.20	元/吨公里	0.0284		
	4	元/吨	7.00	元/吨公里	0.0319		
	5	元/吨	7.90	元/吨公里	0.0360		
	6	元/吨	8.50	元/吨公里	0.0390		
	7	元/吨	9.60	元/吨公里	0.0437		
	8	元/吨	10.70	元/吨公里	0.0490		

图 4-7　铁路货物运价率（部分）

为 CNY480。

2.铁路运输：铁路运费＝（发到基价＋运行基价×运价里程）×计费重量

（8.5＋0.0390×1803）×6＝472.902 元

3.公路运输：零担运费＝零担货物运价×计费重量×计费里程

0.01×46×310＝142.6 元

注意事项

1.在核算运输成本时要以客户服务为第一目标，综合考虑选择最优方案。

2.遵守法律规范，严禁超载，确保运输过程的安全。

评价标准

评价内容	评价标准
航空运费计算	能确定计费重量
	能确定货物运价
	能正确计算航空运费
铁路运费计算	能确定计费重量
	能确定货物运价
	能确定运价里程
	能正确计算铁路运费

评价内容	评价标准
公路运费计算	能确定计费重量
	能确定货物运价
	能确定运价里程
	能正确计算公路运费

任务二　医药商品运输配送管理

技能目标

1. 能制定药品运输管理制度。

2. 能制定委托运输管理要求。

3. 能够对配送运输线路进行简单优化设计。

4. 能确定直送式配送路线优化方案。

5. 能够熟练运用节约里程法对配送运输线路优化。

6. 能根据客户需求选择正确的配送模式。

7. 能独立完成简单的调度作业，会填写装车单。

8. 能根据客户订单，完成配送作业。

9. 能根据客户订单，当库存不足时，熟知配送中心作业流程。

实训 4-5　运输管理制度制定

背景资料

A公司是一家大型药品经营企业，开展配送运输服务，为保证药品运输的顺利推行，现成立药品运输管理委员会，为该企业制定以下管理制度与要求：①药品运输管理制度；②委托运输管理要求；③冷链药品管理制度。

操作要求

1. 请根据《药品经营质量管理规范》，制定药品运输管理制度。

2. 请根据《药品经营质量管理规范》，制定委托运输管理要求。

3. 请根据《药品经营质量管理规范》，制定冷链药品管理制度。

注意事项

1. 企业应制定相应的运输管理制度保证运输药品的质量和安全。

2. 物流部根据企业的制度、药品的包装、药品质量特性、车况、道路、天气等因素，选用适宜的运输工具。

3.委托运输药品要按企业委托运输管理要求严格管理，保证药品质量。

4.企业制定冷链药品管理制度，保证冷链药品的出库、运输严格管理，保证冷链药品的质量。

评价标准

评价内容	评价标准
药品运输管理制度	根据药品的温度控制要求，选择适宜的运输工具，包括普通运输车辆、冷藏运输车辆或保温箱搭配普通运输车辆等
	严格按照外包装标示的要求装卸药品
	出库人员应填制货运单，并与承运人做好交接
	制定冷链药品运输应急预案
	如遇意外事故，采取应急预案
	运输车辆要保持密闭
	运输过程中，药品不得直接接触冰袋、冰排等蓄冷剂，防止对药品质量造成影响
	已装车的药品应当及时发运并尽快送达
委托运输管理要求	企业委托其他单位运输药品的，应当对承运方运输药品的质量保障能力进行审计，索取运输车辆的相关资料，符合《药品经营质量管理规范》运输设施设备条件和要求的方可委托
	正式开展委托运输前，物流部应当与承运方签订运输协议，明确药品质量责任、遵守运输操作规程和在途时限等内容
	物流部应建立委托运输记录，实现运输过程的质量追溯
	如遇意外事故，采取应急预案
	物流部应当监督承运方严格履行委托运输协议，防止因在途时间过长影响药品质量
冷链药品管理制度	公司配备与经营规模和品种相适应的冷藏库
	冷藏车具有自动调控温度、显示温度、存储和读取温度监测数据的功能
	冷藏箱、保温箱具有外部显示和采集箱体内温度数据的功能
	冷链药品的发货、复核和装箱均应在冷藏、冷冻库内完成
	冷链药品的出库应提前做好车载冷藏箱、保温箱和冷藏车辆的预冷
	冷链药品装车时应注意药品与厢内前板距离不小于10cm，与后板、侧板、底板间距不小于5cm，药品码放高度不得超过制冷机组出风口下沿，确保气流正常循环和温度均匀分布
	冷链药品运输途中应实时监测并记录冷藏车、冷藏箱或者保温箱内的温度数据并上传；温度超出规定范围时，温湿度自动监测系统应当实时发出报警指令，由相关人员查明原因，立即采取有效措施进行调控。对不能处置的情况，应立即启动应急预案
	运输途中发生设备故障、异常天气影响、交通拥堵等突发事件，驾驶人员应按照应急管理制度采取相应的应对措施，以确保药品的质量

实训 4-6 运输决策与优化案例 1 直送式配送

某药厂订购了一批普通原料药，由于生产原因急需原料，原料药每件100kg，总共需要26件。生产原料药的厂家有2t、3t、4t的配送车辆各一台，配送中心将该批原料药进行配送作业。

材料准备

网络路线图、装车通知单（图4-8）。

装车通知单

装车负责人：　　　　　　　　　　装车时间：　　月　　日 大概　　　点

序号	订单号	送货地址	单位	数量	送货单号	备注

图 4-8 装车通知单

操作步骤

调度作业是物流中心送货作业中的准备工作，其主要内容是通过合理调度车辆、人员，合理安排车辆装载，优化配送线路，以提高车辆利用率，降低配送成本，提高服务水平。

步骤一 合理调度车辆、人员

根据背景资料，急需运送，安排车辆准备以及相关工作人员，包括保管员、运输员进行配送作业。

步骤二 合理安排车辆装载

根据背景资料，原料药每件100kg，总共需要26件，也就是2600kg，需安排载重3t的车辆运载，并完成货品装车作业。

步骤三 确定配送线路

根据背景资料，急需运送，进行直送式配送作业，结合网络配送路线图，选择最短路径。

步骤四 完成装载出货

填写装车单。

1. 收货人对货物送达时间或时间范围的要求。

2. 道路运行条件对配送的制约，如单行道、城区部分道路对货车通行的限制。

3. 车辆最大装载能力的限制，不使车辆超载。

评价标准

评价内容	评价标准
合理调度车辆、人员	安排相关车辆及工作人员
合理安排车辆装载	完成载重量的计算,安排符合标准的车辆
确定配送线路	结合网络配送图,确定最短路径
完成装载出货	装车发货填单

实训 4-6　运输决策与优化案例 2 直送式路线优化设计

背景资料

　　某医药公司配送中心位于 A 点，现有一批急需药品要向不同的客户（C、D、G、J、K、I）专门独立配送，其配送网络如图所示，路途中都会经过其他路径，图中线路上的数字表示两节点之间的距离。请分别制定出给客户 C、D、G、J、K、I 送药的最优配送方案。

材料准备

　　网络路线图见图 4-9。

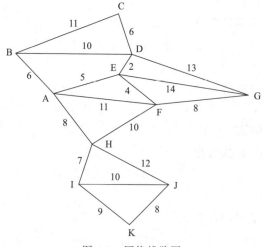

图 4-9　网络线路图

步骤一　讲解两点间最短路径问题：直送式

直送式配送运输是指由一个供应点对一个客户的专门送货。在配送运输线路设计中，需根据不同客户群的特点和要求，选择不同的线路设计方法，最终达到节省时间、运距和降低配送运输成本的目的。

步骤二　分发图例，完成背景资料的任务

请结合背景资料，以图为例，完成任务。

注意事项

1.选择两节点之间的最短距离。

2.将两节点间最短距离，即最小值，从初始点 A 到终点的依次相加。

3.将结果标在该结点旁的方框内，并用箭头标出（如图所示）。

评价标准

评价内容	评价标准
找出最短距离	按照配送网络中的已知条件,找出最短距离
标注路径	完成路径图数字和箭头的标注
确定配送线	最终完成最优化方案

答案如图 4-10 所示。

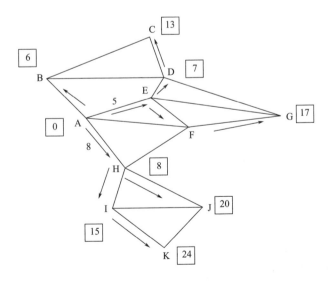

图 4-10　加标的线路图

实训 4-6　运输决策与优化案例 3 分送式路线优化设计

某医药公司位于 P0，需要向 5 个客户配送药品，其配送网络如图 4-11 所示。图中括号内的数字表示客户的需求量（T），线路上的数字表示两节点之间的距离。配送中心有 2t 和 4t 两种车辆可供使用，试制定最优的配送方案。

网络图（图 4-11）、节约里程表（表 4-4）。

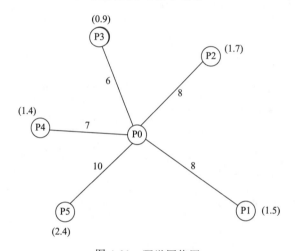

图 4-11　配送网络图

表 4-4　节约里程表

需要量	P0					
1.5	8	P1				
1.7	8	12	P2			
0.9	6	13	4	P3		
1.4	7	15	9	5	P4	
2.4	10	16	18	16	12	P5

步骤一　导入图例

思考分别单独派车送货的结果如图 4-11。

步骤二　启发思考

根据配送网络中的已知条件，请给出配送路线（图 4-12）。

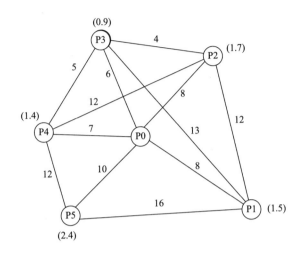

图 4-12　配送线路图

步骤三　多点间最短路径：分送式配送路线优化方案

分送式配送是指由一个供应点对多个客户的共同送货。基本条件：同一条线路上所有客户的需求量总和不大于一辆车的额定载重量，送货时，由这一辆车装载所有客户的货物，沿着一条精心挑选的最佳路线依次将货物送到各个客户手中。

步骤四　请找出最短距离

根据配送网络中的已知条件，计算配送中心与客户及客户之间的最短距离。

步骤五　讲解节约里程法

发放空表自主分别完成。

步骤六　确定配送线路

从分类表中，按节约里程大小顺序，组成线路图。

注意事项

1. 按配送网络中所给条件，计算配送中心与客户及客户之间的最短距离。

2. 节约里程法表格的设计，总结最后修正方案。

3. 尽可能使用大载重量车辆，减少出车数量。

4. 从距仓库最远的站点开始设计线路。

评价内容	评价标准
计算最短距离	按照配送网络中的已知条件,计算最短距离 里程表 | 需要量	P0					
---	---	---	---	---	---	---
1.5	8	P1				
1.7	8	12	P2			
0.9	6	13	4	P3		
1.4	7	15	9	5	P4	
2.4	10	16	18	16	12	P5	
学会节约里程法	自主分别完成表格填写 节约里程表 | 需要量	P0					
---	---	---	---	---	---	---
1.5	8	P1				
1.7	8	12(4)	P2			
0.9	6	13(1)	4(10)	P3		
1.4	7	15(0)	9(6)	5(8)	P4	
2.4	0	16(2)	18(0)	16(0)	12(5)	P5	
节约里程数从大到小排序	节约里程排序 	序号	路线	节约里程	序号	路线	节约里程
---	---	---	---	---	---
1	P2P3	10	6	P1P5	2
2	P3P4	8	7	P1P3	1
3	P2P4	6	8	P2P5	0
4	P4P5	5	9	P3P5	0
5	P1P2	4	10	P1P4	0	
确定单独送货的配送线路	初始方案配送距离＝39×2＝78km(见图 4-11 配送网络图)

评价内容	评价标准
根据载重量约束与节约里程大小,将各客户结点连接起来,形成两个配送路线,即 A、B 两配送方案	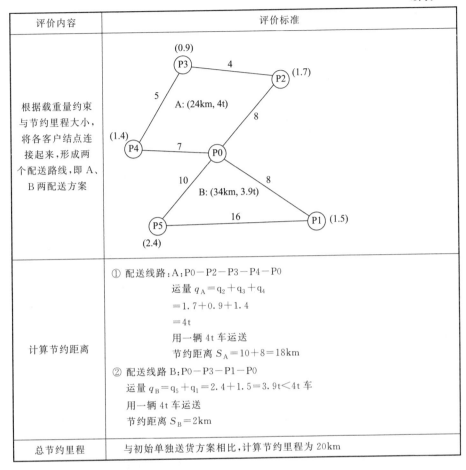
计算节约距离	① 配送线路:A:P0－P2－P3－P4－P0 运量 $q_A = q_2 + q_3 + q_4$ $= 1.7 + 0.9 + 1.4$ $= 4t$ 用一辆 4t 车运送 节约距离 $S_A = 10 + 8 = 18km$ ② 配送线路 B:P0－P3－P1－P0 运量 $q_B = q_5 + q_1 = 2.4 + 1.5 = 3.9t < 4t$ 车 用一辆 4t 车运送 节约距离 $S_B = 2km$
总节约里程	与初始单独送货方案相比,计算节约里程为 20km

实训 4-6　运输决策与优化案例 4 分送式配送运输

背景资料

　　A 公司是一家大型药品经营企业,B、C、D 三家医院分别从 A 公司购买了"人血白蛋白"20 件、30 件、50 件。三家医院均在一个地市,A 公司决定用一辆冷藏车同时完成这三家医院"人血白蛋白"的配送。请问:①A 公司所采取的配送运输方式是什么? ②此种配送运输方式的基本条件是什么? ③此种配送运输方式的基本思想是什么?

操作要求

　　1.请根据背景资料,按评价标准要求指出 A 公司配送运输方式。

　　2.请根据背景资料,按评价标准要求列出此配送运输方式的基本条件。

3.请根据背景资料，按评价标准要求列出此配送运输方式的基本思想。

最佳的运输路线方案能及时、安全、方便经济地将药品送达客户。

评价标准

评价内容	评价标准
配送运输方式	分送式配送运输
	由一个供应配送点对多个客户药品接收点的共同配送
基本条件	同一条线路上所有客户的需求量综合不大于一辆车的额定载重量
基本思想	送货时，由一辆车装载所有客户的药品，沿着一条经过计算选择出的最佳线路依次将药品送到各个客户的药品接收点，这样既保证按时按量将用户需要的药品及时送到，又节约了里程，节约了车辆，节省了费用，同时还缓解了交通紧张的压力，减少了交通运输对环境造成的污染

实训 4-7　配送中心作业管理

背景资料

某公司是一家大型零售连锁企业，向 A 公司（上游公司，A 公司是一家药品批发企业）采购 10 件"维生素 C 片"（规格为 0.1g，生产企业为华中药业股份有限公司）；10 件"藿香正气口服液"（规格为每支装 10ml，生产企业为太极集团重庆涪陵制药有限公司）。A 公司库房有"藿香正气口服液"（规格为每支装 10ml，生产企业为太极集团重庆涪陵制药有限公司）5件；"维生素 C 片"（规格为 0.1g，生产企业为华中药业股份有限公司）11件货。A 公司开展配送运输服务。请问：①选择合适的运输方式。②装车时，对药品在运输车辆内的码放有何要求？③藿香正气口服液库存不足，配送中心的作业流程是怎样的？

操作要求

1.请根据背景资料，按要求选择合适的药品运输方式。

2.请根据背景资料，按药品运输要求和指示标志进行装车。

3.请根据背景资料，说明配送中心作业流程。

注意事项

1.物流部应明确规定配送中心作业步骤，配送出库及运输操作规程，保证运输配送工作顺利进行。

2.物流部应根据药品的运输注意事项运输药品，保证药品的质量。

评价内容	评价标准
药品运输方式	选择普通封闭式货车运输药品(不需要冷藏运输)
按装车顺序、药品运输要求和指示标志进行装车	藿香正气口服液易碎,装车时轻拿轻放、不能倒置
	装车堆放要求,维生素C不能压在藿香正气口服液上
配送中心作业流程	顾客订单 → 验收 → 储存 → 运到配货暂存区 → 车辆安排 ↓ 库房库存不足 ← 进货 ← 拣货 ← 包装、打捆贴标签 ← 确定配送路线和顺序 ↓ 采购信息 → 公司供货商 → 分货 → 配货 → 完成车辆积载

项目五
培训与指导

任务一 培训

1.能够制定符合 GSP 合规性检查要求的培训计划。

2.能够制定符合企业实际需求和合理的培训计划。

3.能够根据培训计划完成实施、考核和记录。

实训 5-1 培训计划制定

　　2020 年 11 月 23 日，某省药品监督管理局网站通报对该省 22 家药品批发企业飞行检查情况。通报中指出："（二）人员与培训方面。部分企业对《药品管理法》《药品经营质量管理规范》培训教育和考核不到位，全员参与药品质量管理不够。如个别企业未按照 GSP 要求对新入职员工进行岗前培训，企业部分岗位人员不能准确解释本岗位的规程及职能的相关问题。"

　　请根据背景资料和企业实际情况，按评价标准制定出符合 GSP 要求的培训计划。例：培训计划见表 5-1〔该医药有限公司经营范围：批发化学原料药及其制剂、抗生素原料及其制剂、生化药品、中成药、生物制品（除疫苗）、蛋白同化制剂、肽类激素、中药饮片等〕。

1.员工培训作为《药品经营质量管理规范现场检查指导原则》中重要核查条款，对企业合规经营尤为重要。

2.应当采取措施确保培训全覆盖，确保各岗位人员正确理解质量管理文件的内容，保证质量管理文件有效执行。

评价标准

序号	评价内容	评价标准
1	培训方式和要求	包括岗前培训和继续教育培训
2	培训内容	包含法律法规培训
		包含药品专业知识及技能培训
		包含质量管理制度培训
		包含职责培训
		包含岗位操作规程培训
3	培训计划表内容	包含培训时间、内容、地点、举办单位、参加人员等
4	从事特殊管理药品和冷藏冷冻药品岗位人员培训	包含专业知识、法律法规内容

表 5-1　某医药有限公司培训计划表

×××××××医药有限公司

培训计划表（一）

流水号：

序号	培训内容	培训方式	培训地点	预定时间	培训对象	考核方式	培训人	备注
1	《新版 GSP 知识培训》	讲解	会议室	2021.09.07	企业负责人	问答	×××	
2	《培训记录管理制度》	讲解	会议室	2021.09.07	行政部部长	问答＋工作中考核	×××	
3	《质量管理制度、职责、规程》	讲解	会议室	2021.09.08	企业负责人	问答	×××	
4	《自动温湿度监控系统操作规程》《验证管理制度》	讲解	会议室	2021.09.08	储运部部长、养护员、信息员	问答	×××	
5	《计算机系统管理制度》	讲解	会议室	2021.09.09	养护员、质量管理部部长	问答	×××	

序号	培训内容	培训方式	培训地点	预定时间	培训对象	考核方式	培训人	备注
6	《质量风险管理制度》	讲解	会议室	2021.09.09	质量风险领导小组成员	问答	×××	
7	《药品验收标准操作规程》《药品验收管理制度》《药品质量风险管理制度》	讲解	会议室	2021.09.10	企业负责人、质量管理部人员、储运部部长	问答	×××	

起草人：　　日期：　　审核人：　　日期：　　批准人：　　日期：

×××××××医药有限公司

培训计划表（二）

流水号：

序号	培训内容	培训方式	培训地点	预定时间	培训对象	考核方式	培训人	备注
8	冷藏车运输员岗位知识	讲解	会议室	2021.07	运输员	问答	×××	
9	冷藏库操作规程	讲解	会议室	2021.07	储运部	问答	×××	
10	保温箱操作规程	讲解	会议室	2021.07	储运部	问答	×××	
11	生物制品、蛋肽类药品知识培训	讲解	会议室	2021.07	专管员	问答	×××	
12	票据凭证管理培训	讲解	会议室	2021.08	全体员工	工作中考核	×××	
13	药品有效期管理培训	讲解	会议室	2021.08	全体员工	工作中考核	×××	
14	收货员、验收员岗位知识	讲解	会议室	2021.09	收货员、验收员	笔试	×××	
15	保健食品管理制度培训	讲解	会议室	待定	全体员工	问答	×××	
16	业务知识培训	讲解	会议室	2021.10	业务部	笔试	×××	
17	药品电子监管知识	讲解	会议室	2021.11	储运部	工作中考核	×××	

起草人：　　日期：　　审核人：　　日期：　　批准人：　　日期：

×××××××医药有限公司

培训计划表（三）　　　　　　　　　流水号：

序号	培训内容	培训方式	培训地点	预定时间	培训对象	考核方式	培训人	备注
18	消防安全知识内容	讲解	会议室	待定	全体员工	问答	×××	
19	药品基础知识	讲解	会议室	2021.12	全体员工	笔试	×××	
20	职业道德知识	讲解	会议室	2021.12	全体员工	笔试	×××	

起草人：　　日期：　　　审核人：　　　日期：　　　批准人：　　　日期：

实训 5-2　培训实施

背景资料

A 医药有限公司为了规范公司相关岗位员工冷链物流操作规程，加强对冷链药品的管理，定于 2021 年 4～5 月对相关人员分批次进行培训。

操作要求

1.请根据企业基本情况，完成员工培训通知、培训安排表、培训记录等实施过程。例：培训通知见图 5-1、培训时间安排见表 5-2、培训记录见表 5-3。

2.员工培训实施过程及记录符合 GSP 对人员培训的要求。

注意事项

1.培训内容要符合岗位需要和 GSP 要求。

2.员工培训时间和人员安排要在不影响正常工作的情况下进行。

序号	评价内容	评价标准
1	培训准备	培训通知和要求
		培训时间安排表
		培训资料
2	培训实施过程	按计划实施培训
		培训考核方式及要求合理
		培训记录完善
		培训效果评估
		培训资料收集归档

×××医药有限公司
培训通知

公司各部门：

为了规范公司相关岗位员工冷链物流操作流程，加强对冷链药品的管理，定于4～5月对相关人员分批次进行培训。

主讲人：王××

培训内容：冷链知识培训

培训时间：具体见附件时间安排表

培训地点：第一会议室

培训人员：公司全体员工

考核方式：考试

考核标准：80分以上为合格

请参加培训人员请带好笔和笔记本，准时参加培训会议。

×××医药有限公司

2021年3月20日

图 5-1　培训通知

表 5-2　冷链知识培训时间安排表

×××医药有限公司

冷链知识培训时间安排表

参加培训人员	培训内容	培训时间安排	培训地点	培训讲师
营业部员工、仓储部部分员工、质管部部分员工	冷链知识培训	2021年4月11日 8：30—11：30	第一会议室	王××
运输部员工	冷链知识培训	2021年4月18日 8：30—11：30	第一会议室	王××

参加培训人员	培训内容	培训时间安排	培训地点	培训讲师
销售一部、销售二部、医院部员工	冷链知识培训	2021 年 4 月 24 日 8:30—11:30	第一会议室	王××
采购部员工、风险运营管理部员工、质管部部分员工	冷链知识培训	2021 年 4 月 23 日 8:30—11:30	第一会议室	王××
销售诊疗发展部	冷链知识培训	2021 年 5 月 16 日 8:30—11:30	第一会议室	王××

表 5-3　培训记录

×××医药有限公司

培训记录

培训编号:2021014　　　　　　　　　　　　　　　　流水号:

培训时间	2021 年 4 月 11 日　8:30—11:30			
培训地点	第一会议室			
培训内容	《冷藏库操作管理规程》《生物制品、蛋肽类药品知识培训》《冷藏车运输人员岗位知识》《保温箱操作规程》			
培训人	王××			
被培训人签名				
应到人数	人	实到人数		人

实训 5-3　培训考核

背景资料

2020 年 12 月 A 医药有限公司职工李××因工作需要岗位发生变动,新入职仓储部冷链运输与管理岗位,担任冷链药品专管员。因为工作岗位的变动,员工需进行相关培训和考核,考核合格后方可开始上岗工作。

操作要求

1.请根据企业基本情况,制定出员工培训方案和考核表。例:新入职(异动)员工考核表见表 5-4、培训考核档案见表 5-5。

2.员工培训及考核管理制度符合 GSP 对人员培训和岗位的要求。

1.考核方式要恰当，通过考核能够达到考核目的和实际工作需要。

2.考核实施过程要有效监控和做好记录，将考核结果与员工的上岗资质、激励机制紧密结合。

评价标准

序号	评价内容	评价标准
1	培训方案	培训内容包含专业知识、法律法规内容
		培训记录包含员工考核表等
2	培训考核方式	培训考核制度完善
		培训考核方式合理
3	培训记录	培训档案完善

表 5-4 新入职（异动）员工考核表

新入职（异动）员工考核表（部门）

姓名	李××	部门	仓储部	岗位	冷链药品专管员
入职(异动)时间	2020.12.14	培训讲师	王××	培训地点	冷库
考核方式	提问和实操	培训时间	2020.12.15—16	培训学时	8 学时
培训内容	1.冷藏药品专管员的岗位职责				
	2.冷藏药品的储存发货的操作规程				
	3.冷藏药品的装箱管理制度				
	4.冷藏药品的运输管理制度				
	5.冷藏药品储存应急预案的操作规程				
受训心得（受训人填写）					
培训效果（培训讲师填写）					
培训结果(是否合格)			员工签名		

表 5-5　培训考核档案

×××医药有限公司 2020 年员工个人培训考核档案

姓名	李××	性别	男	出生年月		1983-06-20	学历	大专
部门	仓储部	岗位	仓储保管员/冷链药品专管员		从业时间		2014-02	
序号	培训时间	培训内容		培训学时	考核方式		成绩	备注
1	2020-02-28	钉钉班次,考勤组设置培训		1	现场提问＋实操		合格	
2	2020-04-08	冷链药品储存、出库相关培训		2	现场提问		合格	
3	2020-04-11	GSP 相关知识培训/药品管理法培训		4	现场提问		合格	
4	2020-04-11	医疗器械法律法规培训/《医疗器械经营质量管理规范》知识		4	考试		96	
5	2020-04-18	冷链知识培训		4	考试		100	
6	2020-04-18	医疗器械冷链知识培训		4	考试		100	
7	2020-05-06	钉钉版公出、请假流程培训		1	现场提问＋实操		合格	
8	2020-05-19	质量管理制度及操作流程培训		1	现场提问		合格	
9	2020-06-17	企业构建安全风险分级管控和隐患排查治理双重预防机制		2	现场提问		合格	
10	2020-06-18	WMS 操作培训及常见问题处理		1	现场提问		合格	
11	2020-09-06	工伤预防培训		4	现场提问		合格	
12	2020-09-17	特药知识培训		12	考试		98	
13	2020-11-11	消防安全培训			现场提问		合格	
14	2020-11-25	质量管理制度培训/部门职责及岗位职责培训/岗位操作规程培训		2	现场提问		合格	
15	2020-11-25	医疗器械公司制度及操作规程培训		2	现场提问		合格	
16	2020-12-15	冷链药品专管员培训/冷藏药品的储存发货的操作规程		4	现场提问＋实操		合格	
17	2020-12-16	冷藏药品的装箱管理制度/冷链药品运输管理制度/冷藏药品储存应急预案的操作规程		4	现场提问＋实操		合格	

实训 5-4　培训评估

背景资料

A 医药公司为了规范公司相关岗位员工冷链物流操作规程,加强对冷链药品的管理,定于 2011 年 4～5 月对相关人员分批次进行培训,培训结束后培训讲师王××对培训效果进行评价,组织部门综合管理部对此次活动进行了评估。

1. 对培训效果开展收集分析、评价和改进工作。培训记录及效果评估表（讲师）见表 5-6、培训效果调查表（培训人员）见表 5-7、培训效果评估表（培训人员）见表 5-8。

2. 通过访谈等形式与参培人员进行交流，了解培训内容、培训方式、讲课质量等方面的数据，掌握培训取得的实际意义和价值，以便于对整个培训全过程进行综合评价和改进。

注意事项

1. 把培训结果与奖罚挂钩，形成"培训、考核、使用、待遇"一体化的激励机制，激发员工学习知识技能和自我管理提升的积极性。

2. 完善培训管理责任制，培训工作才能见到实效。

评价标准

序号	评价内容	评价标准
1	员工培训评价	包含培训效果调查表
		包含培训考核方式评价
		包含培训效果评价(讲师)
		包含培训效果评价(培训人员)
		包含培训结果评价与改进措施(部门)

表 5-6　培训记录及效果评估表（讲师）

×××医药有限公司

培训记录及效果评估表

培训日期	2021-04/05	培训编号	2021017
培训时间		培训课时	4
课程名称	冷链知识培训		
主讲人	王××	培训地点	第一会议室
授课方式	内训	考核方式	笔试
参加人数	285 人	参加人员	详见签到表
组织部门	组合管理部	实施责任人	陈××
培训效果评价(讲师填写)	本次年度冷链知识培训,内容包括冷藏、冷冻药品的相关知识、公司现经营冷藏、冷冻药品的经营情况、操作流程、设施设备要求及冷链验证等。培训加强了冷链相关工作人员的冷链规范作业意识,培训人员清楚认知冷链工作对品种质量保证的重要性。培训后进行了严格的笔试,考试成绩合格,达到了本次培训的目的		
	讲师签名:王××	日期:2021.5.20	
培训效果评估(组织部门填写)	通过这次培训,相关员工能认真学习并运用到工作中,规范了冷链操作流程,提高了工作效率,达到了本次培训的要求		

表 5-7 培训效果调查表（培训人员）

××× 医药有限公司

培训效果调查表

填表日期： 流水号：

姓名		部门		职务	
调查内容			此次培训调查结果		
本次你接受质量培训的总时间为			（　）小时		
本次你接受质量培训的内容有					
培训后你对工作质量的提高效果是			很有效　较有效　不明显　无效果		
你认为培训授课的内容			很好　较好　一般　差		
你认为培训授课的形式			很好　较好　一般　差		
你感到哪种培训对你工作岗位是需要的					
你的主管人员是否经常征询你对培训的意见			经常　时而　从不		
你的主管人员是否根据你实际操作过程中遇到的问题,进行强化培训			经常　时而　从不		
你对培训工作的建议：					

表 5-8 培训效果评估表（培训人员）

××× 医药有限公司

培训效果评估表

流水号：

培训部门			培训时间		
培训人数		培训方式		培训对象	
培训地点				培训讲师	
培训内容					
培训效果评估(从工作意识及态度、工作技能和能力、培训前后工后质量及工作效率等方面进行评估)：					
部门评估人：				日期：	
质管部检查和评估：					
质管部：				日期：	

综合部综合判断:	
综合部:	日期:
备注:	

任务二　指导

技能目标

1. 能够根据 GSP 合规性检查要求和企业实际制定储运各岗位的岗位职责和操作规程。

2. 能够完成储运各岗位指导文件的宣贯与受控管理。

3. 能按照《药品经营质量管理规范》的要求，完成《药品质量养护管理制度》《药品仓储保管管理制度》《药品运输管理制度》《药品冷链运输管理制度》等的制定，对药品仓储、运输和保管各环节实行规范化质量管理，以文件、制度、职责、操作程序、质量记录等形式实现可量化管理。

4. 能够根据《药品经营质量管理规范》规定和企业的质量管理体系要求，参照《药品经营质量管理规范现场检查指导原则》发现、诊断企业现场作业存在的问题，并给出相应的处理措施。

5. 能够根据事件总结经验教训，制定相应的措施，制作《缺陷项整改报告》，防止此类事情的再次发生。

实训 5-5　指导文件的制订案例 1 收货员

背景资料

A 医药集团新成立了一家药品批发企业。具有 5 年相关工作经验的收货员被委派负责起草收货员的岗位职责和操作规程等相关文件的制定。请根据

GSP 以及质量管理体系相关文件的要求起草该公司的收货员岗位职责与操作规程。

操作要求

1. 根据企业的质量管理体系文件确定收货员指导文件的编码和格式。

2. 请根据背景资料，并根据 GSP 要求，结合企业实际情况，编写收货员岗位职责和收货员操作规程。例：收货员岗位职责和药品收货操作规程见表 5-9、表 5-10。

注意事项

1. 应当采取措施确保各岗位人员正确理解质量管理文件的内容，保证质量管理文件有效执行。

2. 考虑不同医药商品的特殊要求，在一般流程的基础上进行调整与改进。

3. 在编写过程中，一定要通过查阅资料和小组讨论，以论证经过精化和细化后流程的合理性。

4. 在确定流程的基础上，对该环节作业时的人员配备、设备配备和相关的管理制度等进行设计和完善，以使此项作业流程能够更好地执行。

5. 岗位职责必须明确，不能前后矛盾。

6. 职责内容、操作规程与管理制度不能发生原则性混淆。

7. 操作规程应当明确规定操作细节、操作方法、内容与企业实际运行相结合，突出质量管理的关键点，文字简明、易懂，编写的条目与实际操作顺序一致。

评价标准

序号	评价内容	评价标准
1	收货员指导文件格式	包含文件编号、文头
	收货员岗位职责	包括采购到货收货和销后退回收货
		包含收货员工作内容
	收货操作规程	包含采购合同查询
		包含核对资料
		包含指导卸货堆垛
		包含单据的签收

表 5-9　收货员岗位职责

××医药股份有限公司 收货员岗位职责	文件编号			
	版本号		页数	
起草人	审核人		批准人	
日期	日期		日期	
起草部门			生效日期	
分发部门				

1 目的:确保公司所经营药品的质量

2 依据:《中华人民共和国药品管理法》《药品经营质量管理规范》

3 适用范围:适用于收货员

4 收货员岗位职责:负责企业采购到货收货,负责企业销后退回收货

5 工作内容:指导、协助卸货人员按规定卸货、码放;按照收货规程接收进货药品和销后退回药品;检查到货运输工具、运输状况、运输时间,对照随货同行单(票)和采购记录核对药品;对于温控药品,还需要检查来货温控工具、到货温度、运输过程温度记录,对不符合要求的,通知采购部门或者质量管理部门处理;收货完成后将药品按品种特性放置于待验区,并在随货同行单(票)上签字后移交验收人员

表 5-10　药品收货操作规程

××医药股份有限公司 药品收货操作规程	文件编号			
	版本号		页数	
起草人/日期	审核人/日期		生效日期	
批准人/日期	发放部门		发放日期	
收件部门				

1 起草依据:《药品管理法》《药品经营质量管理规范》

2 目的:为规范商品收货,确保准确、及时,特制定本细则

3 范围:仓储部

4 职责:收货员负责收货、打单

5 定义:药检指药品的合格证明文件

6 文件控制操作说明

6.1 采购合同查询:收货员接到随货同行单,按供应商和货主查询采购合同。对于无采购合同的应当告知供应商送货人员并拒收处理。

6.2 核对资料

6.2.1 随货同行单应有供应商出库专用章原印章,清晰的品名、规格、批号、数量、生产厂家等,且随货同行单的样式和出库专用章应与备案样单样章一致。

6.2.2 药检应盖供货单位检验专用章/质量管理专用章、内容字段清晰,批号与随货同行单载明相应批号相符,检验合格结论与检验人签名。进口品种有进口注册证,注册证有效期在抽样日期之前,应提供进口药品批件或有效时间通关证明。药检不允许有涂改。

6.2.3 对于随货同行单或药检有问题的,通知采购员/品种计划员联系厂家或供货单位处理,厂家能及时提供符合要求的随货同行单或药检的,可以收货,否则拒收处理。

6.3 收货员指导卸货堆垛

6.3.1 收货员检查商品外包装情况和储存条件,并按收货预报单的码盘数量要求指导并监督卸货人员正确卸货。

6.3.2 检查托盘标签,若发现标签脱落或残缺,应及时补贴或更换。

6.3.3 堆垛时注意将不同品规、批号的商品分开托板堆放。当来货批量较少,需将不同品规、批号的商品堆放在同一托板时,应对商品进行分隔。整件商品一个托板不得堆放超过4个品规或批次。

6.3.4 堆垛时注意商品不能倒置。

6.3.5 堆垛时注意尽量将商品批号朝外放置。

6.3.6 收货时如果发现商品外包装变形、破损、水湿、混批等情况,应拣出并予以拒收。

6.4 单据的签收

6.4.1 收货员仔细核对商品品名、规格、批号、数量等无误后,在随货同行单上进行签收。签收时有多份签收单(如托运单和送货清单)的,应与送货人确认签收哪份单(只能签一份单)。如有其他异常情况应在收货单上注明,并签上收货人姓名和日期,盖公司收货专用章。

6.4.2 如果部分拒收,应在收货单上写清"实收×件、拒收×盒(件、支)",并注明拒收原因,同时开具《拒收通知单》予以放行。

6.5 收货员根据收货情况在《药品收货记录》上打"√",并注明收货件数和零散数。

上述步骤完成并核对无误后,收货员将药品放置于相应的待验区内,并在"随货同行单"上签字后连同对应的药品合格证明文件移交给验收人员。

7 相关记录

7.1《随货同行单》

7.2《药品收货记录》

7.3《拒收通知单》

8 附则

本文件经批准后生效

实训5-5　指导文件的制订案例2 验收员

背景资料

某大型药品流通企业内审员按照新版GSP《药品经营质量管理规范》的要求对质量管理体系进行内审,其中对文件进行审核时发现验收员的岗位职责和操作规程未按照新版GSP进行换版。内审小组要求仓储部按照新版GSP《药品经营质量管理规范》和公司质量管理体系制定验收员的岗位职责和操作规程。

1.根据企业的质量管理体系文件确定验收员指导文件的编码和格式。

2.请根据背景资料和 GSP 要求，结合企业实际情况编写验收员的岗位职责和验收员操作规程。例：验收员岗位职责和操作规程见表 5-11、表5-12。

1.应当采取措施确保各岗位人员正确理解质量管理文件的内容，保证质量管理文件有效执行。

2.考虑不同医药商品的特殊要求，在一般流程的基础上进行调整与改进。

3.在编写过程中，一定要通过查阅资料和小组讨论，以论证经过精化和细化后流程的合理性。

4.在确定流程的基础上，对该环节作业时的人员配备、设备配备和相关的管理制度等进行设计和完善，以使此项作业流程能够更好地执行。

5.岗位职责必须明确，不能前后矛盾。

6.职责内容、操作规程与管理制度不能发生原则性混淆。

7.操作规程应当明确规定操作细节、操作方法，内容与企业实际运行相结合，突出质量管理的关键点，文字简明、易懂、编写的条目与实际操作顺序一致。

序号	评价内容	评价标准
1	验收员指导文件格式	包含文件编号、文头
2	验收员岗位职责	包括验收岗位职责
		包含验收员工作内容
3	验收操作规程	包含核对《验收单》
		包含药检的验收
		包含药品外内包装验收
		包含抽样检查,抽样检查包括外观性状检查、药品的贮藏要求检查及最小包装的标签、说明书检查
		包含外观性状检查
		包含录入系统

表 5-11　验收员岗位职责与工作内容

××医药股份有限公司 验收员岗位职责	文件编号			
	版本号		页数	
起草人	审核人		批准人	
日期	日期		日期	
起草部门		生效日期		
分发部门				

1 目的:确保公司所经营药品的质量

2 依据:《中华人民共和国药品管理法》《药品经营质量管理规范》

3 适用范围:适用于验收员

4 验收员岗位职责:负责企业经营药品的验收

5 工作内容:单据、货物核对查验,按照批号逐批查验药品的合格证明文件;按照批号逐批对药品进行抽样检查,对抽样药品的外观、包装、标签、说明书等逐一进行检查、核对;验收不合格药品的处理;验收结束后将抽取完好样品放回原包装箱,加封并标示;建立并保存真实、完整、规范的验收记录

表 5-12　药品验收操作规程

××医药股份有限公司 药品验收操作规程	文件编号			
	版本号		页数	
起草人/日期	审核人/日期		生效日期	
批准人/日期	发放部门		发放日期	
收件部门				

1 目的:为保证验收员以正确的方法验收药品、保证药品质量合格、杜绝假冒伪劣药品,把好入库药品质量关

2 范围:适用于药品的验收操作。其他商品没有特殊要求时参照药品原则进行验收

3 职责:负责企业经营药品的验收

4 文件操作说明

4.1 核对验收单:核对《验收单》上各项内容与随货通行单上的内容是否一致。核对单单相符后对药品包装进行验收。

4.2 药检的验收:应核对药检的品名、规格、批号、效期等信息应与实货一致,并有检验结论,其原印章公司名称应与供应商一致。进口药品的药检是指盖有供货单位公章原印章或质量机构原印章的《进口药品检验报告书》《进口药品注册证》复印件;进口药品注册证上有批件号的,需附批件,如果注册证过期,需提供《药品通关单》,以确认通关日期是否在注册证有效期内,或有相应的补充延长进口期的批件。进口药品检验报告须包含带有各种认证标志的药品检验报告书封面(有页码的必须提供封面)。疫苗或生物制品还应提供《生物制品批签发合格证》。

4.3 检查药品外内包装:检查药品外内包装上的品名、规格、生产厂家、批准文号、合格证、存储条件、装箱数量是否与《验收单》相符。检查外包装上各标志是否符合有关规定(外用药、非处方药、精神药品、麻醉药品都必须在包装上标明相应的标志)。

4.4 非整件商品的处理:非整件商品到货如不是原包装箱,应将包装箱表面的品规信息进行处理或更换印有本公司字样专用箱。内部转仓商品,从出库后重新验收入库的,必须将原出库标签撕除,不可继续使用,防止人为和系统识别错误。

5 抽样检查:按规定对药品逐批进行抽样检查,抽样原则见《验收管理规程》

5.1 药品的外观性状检查:片剂、胶囊剂、丸剂、气雾剂、软膏剂等剂型多数包装为铝塑板、铝箔、塑料瓶、铝管、纸盒等密封式包装,由于不能看见其性状,所以应尽量检查透明包装的药品性状,及着重检查药品的内包装情况。

5.1.1 片剂:主要检查色泽、黑点、斑点、异物、花斑、瘪片、异形片、龟裂、爆裂、脱壳、掉皮、膨胀、溶化、粘连、霉变、片芯变色、变软及包装等。

5.1.2 胶囊剂:主要检查色泽、漏药、破裂、变形、粘连、异臭、霉变、生虫等。

5.1.3 丸剂:应圆整均匀,色泽一致,大蜜丸、小蜜丸应细腻滋润,软硬适中,无皱皮、无异物。水丸、糊丸应大小均匀,光圆平整,无粗糙纹,包装应密封严密。

5.1.4 气雾剂:主要检查色泽、澄清度、异物及漏气、渗漏等。

5.1.5 软膏剂:主要检查色泽、细腻度、黏稠性、异物、异臭、酸败、霉变及包装等。

5.1.6 输液、注射用水针剂:包装多为玻璃瓶、塑料瓶。主要检查它的色泽、结晶析出、混浊沉淀、长霉、装量、冷爆、裂瓶、封口漏气、瓶盖松动及安瓿标签有无受污染等。

5.1.7 注射用粉针:包装多为安瓿、玻璃瓶。主要检查瓶盖有没有松脱、溶解后澄清度、结块、黑点、受潮粘瓶、变色等。

5.1.8 口服液、糖浆剂:包装多为棕色玻璃瓶。主要检查有没有沉淀、杂质异物、霉变、异味、渗漏、酸败等。

5.1.9 颗粒剂、散剂:包装多为透明玻璃瓶包装,主要检查有没有受潮结块、软化、臭味,颗粒是否均匀,封口应严密。由于颗粒剂、散剂包装是密封不透明铝塑袋,不能看见药品性状,所以要用手触摸感觉,并上下摇动,听听是否松散。

5.2 药品的贮藏要求检查:检查药品储存条件,2~8℃或15℃以下的应储存在冷库;30℃以下应储存在常温库;2~25℃或者凉暗处保存的应储存在阴凉库。

5.3 最小包装的标签、说明书检查

5.3.1 标签应当有品名、规格、用法用量、批准文号、生产批号、生产厂商等内容。对注射剂瓶、滴眼剂瓶等因标签尺寸限制无法全部注明上述内容的,至少应标明品名、规格、批号三项。中药蜜丸蜡壳至少注明品名。

5.3.2 化学药品与生物制品说明书应当列有以下内容:药品名称(通用名称、商品名称、英文名称、汉语拼音)、成分[活性成分的化学名称、分子式、分子量、化学结构式(复方制剂可列出其组分名称)]、性状、适应证、规格、用法用量、不良反应、禁忌、注意事项、孕妇及哺乳期妇女用药、儿童用药、老年用药、药物相互作用、药物过量、临床试验、药理毒理、药代动力学、贮藏、包装、有效期、执行标准、批准文号、生产企业(企业名称、生产地址、邮政编码、电话和传真)。

5.3.3 中药说明书应当列有以下内容:药品名称(通用名称、汉语拼音)、成分、性状、功能主治、规格、用法用量、不良反应、禁忌、注意事项、药物相互作用、贮藏、包装、有效期、执行标准、批准文号、说明书修订日期、生产企业(企业名称、生产地址、邮政编码、电话和传真)。

5.3.4 特殊管理的药品、外用药的包装、标签及说明书上应当有规定的标识和警示说明,处方药和非处方药的标签和说明书上有相应的警示语和忠告语;非处方药的包装有国家规定的专有标识;蛋白同化制剂和肽类激素及含兴奋剂成分的药品应标明"运动员慎用"警示标识。

5.3.5 进口药品的包装、标签应当以中文注明品名、主要成分以及注册证号,并有中文说明书。

5.3.6 中药饮片的包装或容器应当与药品性质相适应及符合药品质量要求。中药饮片的标签应当注明品名、包装规格、产地、生产企业、产品批号、生产日期;整件包装上应当有品名、产地、生产日期、供货单位(改为生产企业)等,并附有质量合格的标志。实施批准文号管理的中药饮片,还需注明批准文号。

5.3.7 中药材应当有包装,并标明品名、规格、产地、供货单位、收购日期、发货日期等;实施批准文号管理的中药材,还需注明批准文号。

5.4 验收完成标识:抽样检查完成的货箱应做好已验收的标识。

6 录入系统

7 相关记录:《验收单》

8 相关文件:无

9 附则

本文件经批准后生效,从　　　日起实施

实训 5-5　指导文件的制定案例 3 保管员

背景资料

2016 年 11 月 2 日,A 局飞行检查发现 B 公司存在严重违反《药品经营质量管理规范》、国家食品药品监督管理总局《关于整治药品流通领域违法经营行为的公告》(2016 年第 94 号) 的行为。其违规事实包括:企业库房药品未按批号堆码,不同批号的药品存在混垛现象,药品堆垛未按要求进行堆放。2017 年 2 月 9 日 A 局对该企业的违规行为进行了相应的处罚。

操作要求

1.请根据背景资料,按评价标准制定出保管员岗位指导文件。

2.能根据企业实际情况,制定出符合 GSP 要求的岗位职责、操作规程等。例:保管员岗位职责和操作规程见表 5-13、表 5-14。

3.能按照 GSP 要求进行保管员现场指导。例:库房巡检记录、破损药品处理记录见表 5-15、表 5-16。

表 5-13　保管员岗位职责

×××医药有限公司

文件名称	保管员质量职责		页数	共 1 页
文件编码			版本号	第二版
起草人:	审核人:		批准人:	
日期:　年　月　日	日期:　年　月　日		日期:　年　月　日	
修订原因	为符合《药品经营质量管理规范》[国家食品药品监督管理总局令第 13 号]相关规定和要求			
1　负责药品入库交接确认,并根据药品的储存条件,正确放入相应库房储存 2　负责保持仓库药品储存"五距" 3　负责落实药品按批号、效期分类相对集中存放,按批号及效期远近依次或分开堆码,并有明显标志,不同批号药品不得混垛 4　负责对不合格药品、质量疑问的药品、停售的药品落实有效控制 5　配合保持仓库清洁卫生 6　其他应当由保管员履行的职责				

表 5-14 操作规程

×××医药有限公司

文件名称	药品入库储存操作规程		页数	共 3 页
文件编码	××××-××-×××-××××		版本号	第二版
起草人:		审核人:		批准人:
日期:　　年　　月　　日		日期:　　年　　月　　日		日期:　　年　　月　　日
修订原因	为符合《药品经营质量管理规范》[国家食品药品监督管理总局令第 13 号]相关规定和要求			

1 目的

　　明确药品储存条件,使药品在储存过程中能够保持质量稳定且符合要求,并做到药品出入库及储存期间票、账、货相符。

2 适用范围

　　本程序适用于采购到货、销后退货药品的入库储存工作。

3 依据

　　《药品经营质量管理规范》[国家食品药品监督管理总局令第 13 号]第四节质量管理体系文件第三十八条、第三十九条,第十节储存与养护第八十五条。

　　《药品储存管理制度》。

4 内容

4.1 药品入库

4.1.1 保管员接收员入库通知,凭验收员签字的验收入库记录单办理入库。

4.1.2 保管员在核对验收入库记录单时,发现品名、规格、生产厂家、数量、批号等出现票、货不符的,质量异常、包装不牢或破损、标志模糊或其他可疑质量问题的药品,有权对到货药品予以拒收,并填写"药品拒收报告单"报质管部处理。

4.1.3 保管员对药品的名称、剂型、规格、生产厂家、批号、数量等核对无误后,在验收入库记录单上签收,办理入库手续,并在计算机管理系统做好库存记录,保证库存药品账、票、货相符,记录保存不得少于 5 年。

4.2 药品储存

4.2.1 保管员按药品储存条件要求将入库的药品存放于相应的库(区),并做好分类存放工作,同时按照要求采取避光、遮光、通风、防潮、防虫、防鼠等措施。

　●有避光要求的,应将药品储存于阳光不能直射的地方。

　●有遮光要求的,应采用窗帘、遮光膜或黑色塑料袋包裹等措施。

　●应有促进空气流通的通风设备,如空调、换气扇等。

　●应有防潮设施设备,如除湿机、地垫、货架、门帘、风帘等。

　●应有防止昆虫、鸟类、鼠类进入库房的设备,如纱窗、风帘、灭蝇灯、挡鼠板、捕鼠笼、粘鼠胶等。

4.2.2 保管员存放药品时,应按要求将药品存放于相应货位。

4.2.3 搬运和堆垛应严格遵守药品外包装图式标志的要求,规范操作,怕压药品应控制堆放高度。

　●搬运药品应严格按照外包装标示要求规范操作,应轻拿轻放,不得倒置、侧置、损坏药品包装。

　●堆码药品应当严格按照外包装标示要求规范操作,控制垛高,不得倒置、侧置、损坏药品包装。

4.2.4 药品按批号堆码,不同批号的药品不得混垛,垛间距不小于 5cm,与库房内墙、顶、温度调控设备及管道等设施间距不小于 30cm,与地面间距不小于 10cm。垛与屋顶(房梁、柱)间距不小于 30cm;垛与散热器或供暖管道间距不小于 30cm;垛与地面的间距不小于 10cm。药品应按品种、批号堆码,便于先产先出、近期先出,按批号发货。拆除外包装的零货药品集中存放。药品储存作业区内不得存放与储存管理无关的物品。

- 不同品种、批号的药品不得混垛。
- 近效期药品应有明显标志。
- 垛间距不小于 5cm。
- 药品与库房内墙、顶、温度调控设备及管道等设施间距应不小于 30cm。
- 药品应置于地垫、货架上,与地面间距不小于 10cm。
- 拆除外包装的零货药品应集中存放,且药品与非药品、外用药与其他药品分开存放。
- 药品储存作业区内应保持卫生、整洁,不得存放与储存管理无关的物品。
- 药品与非药品、外用药与其他药品分开存放。
- 药品与非药品应分开存放,防止污染、差错或混淆。
- 外用药与其他药品应分开存放。

4.2.5 储存药品的货架、托盘等设施设备应保持清洁,无破损和杂物堆放。

- 有货架、托盘等储存设施设备的检查、维护记录。
- 货架、托盘等储存设施设备应清洁、无杂物堆放,保证药品不受污染。
- 货架、托盘等储存设施设备应完好、无破损,保证药品储存、摆放安全。

4.2.6 未经批准的人员不得进入储存作业区,储存作业区内的人员不得有影响药品质量和安全的行为。

- 有储存作业区人员出入管理制度,人员必须经过授权方可进出药品库房。
- 应采用人员登记等方式对库房进出人员实行可控管理,防止药品被盗、替换或者混入假药。
- 储存作业区内的人员不得有洗漱、就餐、饮酒、吸烟、打闹、嬉戏等影响药品质量和安全的行为。
- 储存养护中发现质量问题,应暂停发货,报质管部处理;并按质管部的处理意见将药品移入相应的库区。

4.3 接受养护员指导

4.3.1 保管员在养护员的指导下对药品进行合理储存作业。

4.4 标志管理

4.4.1 对近效期药品应摆放"近效期药品"标志牌,动态标示并控制药品的库存进出数量变化。

4.4.2 保管员对储存药品实行色标管理,待验区、待处理区、退货药品库区——黄色;合格品、待发药品区——绿色;不合格品库——红色。

5 附则

5.1 本操作规程解释权属质量管理部,经由总经理批准后发布执行。

5.2 本操作规程的执行部门为质量管理部、仓储部。

5.3 本操作规程发放范围为公司质量管理部、仓储部相关岗位人员。

5.4 本操作规程培训对象及要求:由行政部组织对保管员、质量管理员进行培训。

5.5 本程序产生的质量记录在业务软件中存档,保存期限不少于 5 年。

表 5-15　库房巡检记录

重庆×××医药有限公司

库房巡检记录　　　　　　　　　　　流水号：

库房名称			遮光		通风		日期：　　年　月　日			
状态标记	□有	□无	□正确		□错误		处理措施			
药品分类存放	□分区	□正确	□错误							
物料码放	□整齐	□分品种	□分批		□分区					
跺距	□符合要求	□不符合要求								
账物	□相符	□不相符								
物品包装	□完好	□破损								
中西成药外观	□潮湿	□发霉	□虫蛀、鼠咬		□积热	□无异常				
设施	□齐全	□不齐全	□完好		□不完好					
门、窗、锁	□完好	□有安全隐患								
消防器材	□完好	□不能正常使用	□在规定位置		□被挪用					
电源线	□完好	□有裸露、破损								
清洁卫生	□整洁卫生	□未清洁								
养护员		检查日期			结论					

说明：巡检每周一次，在相应的"□"内划"√"，结论不符合规定时，应注明处理措施及结果。

表 5-16　破损药品处理记录

重庆×××医药有限公司

破损药品处理记录　　　　　　　　　　流水号：005

时间	通用名称	规格	批号	数量	如何处理	记录人
2021-05-27	牡蛎碳酸钙颗粒	5g×12包	20151001	2		
2021-05-27	葡萄糖酸钙口服溶液	10％×10ml×10支	1505232	1		
2021-05-30	头孢克肟胶囊	100mg×5粒	150703	3		
2021-05-30	川贝枇杷糖浆	100ml	06151104	2		
2021-05-30	史国公药酒	450ml	160401	1		
2021-05-27	止咳枇杷颗粒	10g×8袋	1602006	3		
2021-05-27	头孢呋辛酯胶囊	8粒×1板	20150901	1		
2021-05-27	小儿感冒颗粒	6g×12袋	151201	2		
2021-05-27	莱阳梨止咳颗粒	8g×12袋	160309	3		
2021-05-27	感冒灵颗粒	10g×9袋	1511008	2		
2021-05-27	阿奇霉素分散片	0.25g×6片	20210201	4		

GSP 现场检查包括对企业相关人员进行提问,如保管员是否按照《药品仓储保管管理制度》《药品入库储存操作规程》完成保管员职责。

评价标准

序号	评价内容	评价标准
1	保管员指导文件格式	包含文件编号、文头
2	保管员岗位职责	包括保管员岗位职责
		包含保管员工作内容
3	保管员操作规程	核对验收入库记录单
		办理入库手续,并在计算机管理系统做好库存记录
		保管员按药品储存条件要求将入库的药品存放于相应的库(区)
		按照要求搬运和堆垛
		接受养护员指导
		做好标志管理
4	保管员现场指导	按照要求完成药品入库交接确认,并根据药品的储存条件,正确放入相应库房储存
		落实 GSP 对药品储存的规范性要求

实训 5-5　指导文件的制定案例 4 养护员

背景资料

2019 年 8 月 9 日,A 市局对厦门市 QX 百汇医药有限公司进行飞行检查,发现 B 医药公司库存中药材出现发霉长虫现象,经调查该公司温湿度控制系统数据,发现 2019 年 6~8 月温湿度控制系统数据中多次出现温度超过储存温度现象,但养护员填写的《库存药品质量检查记录表》中未显示超标数据,造成未能及时采取有效控制措施。B 医药公司不符合 GSP 的事实包括:08404 养护人员应当对库房温湿度进行有效监测、调控。08405 养护人员应当按照养护计划对库存药品的外观、包装等质量状况进行检查,并建立养护记录。2019 年 8 月 11 日,A 市局于对 B 医药公司的不符合事实下发整改通知书。

操作要求

1.请根据背景资料,按评价标准制定出养护员岗位指导文件。

2. 能根据企业实际情况,制定出符合 GSP 要求的养护员岗位职责、操作规程等。例:养护员岗位职责和操作规程见表 5-17、表 5-18。

3. 能按照 GSP 要求进行养护员现场指导。例:药库库存药品质量检查表见表 5-19。

表 5-17 养护员岗位职责

×××医药有限公司

文件名称	养护员质量职责		页数	共 1 页
文件编码	××-××-×××-××××		版本号	第二版
起草人:		审核人:	批准人:	
日期: 年 月 日		日期: 年 月 日	日期: 年 月 日	
修订原因	为符合《药品经营质量管理规范》[国家食品药品监督管理总局令第 13 号]相关规定和要求			

1　负责药品储存养护用设施设备管理
2　参与温湿度自动监测系统验证
3　对库房温湿度进行有效监测、调控
4　指导和督促储存人员对药品进行合理储存与作业
5　发现有问题的药品应当及时在计算机系统中锁定和记录,并通知质量管理部处理
6　负责药品质量养护工作
7　负责近效期药品预警报告
8　定期汇总、分析养护信息
9　其他应当由养护员履行的职责

表 5-18 养护员操作规程

×××医药有限公司

文件名称	药品养护操作规程		页数	共 3 页
文件编码	××××-××-×××-××××		版本号	第二版
起草人:		审核人:	批准人:	
日期: 年 月 日		日期: 年 月 日	日期: 年 月 日	
修订原因	为符合《药品经营质量管理规范》[国家食品药品监督管理总局令第 13 号]相关规定和要求			

1 目的
　　为规范药品养护管理,确保在库药品的质量。
2 适用范围
　　本操作规程适用于在库合格药品的养护管理。
3 依据
　　《药品经营质量管理规范》[国家食品药品监督管理总局令第 13 号]第四节质量管理体系文件第三十八条、第三十九条,第十节储存与养护第八十六条。
　　《药品养护管理制度》。

4 内容

4.1 确定重点养护品种、制定养护计划

4.1.1 根据计算机系统储存的质量管理基础数据和养护制度,对库存药品自动生成养护计划,按照养护计划对在库药品进行养护。

4.1.2 经验收入库的非重点养护药品,在入库 3 个月后,自动转为被养护品种进行养护检查;每个季度对所需养护品种循环养护检查一次。

4.1.3 重点养护品种:应每月循环检查一次,并进行重点养护跟踪。

4.1.4 拟定《重点养护品种确定表》报质量管理部门审核确定。重点养护品种范围包括:对储存条件有特殊要求的品种、有效期短的品种、首营品种、含特殊药品复方制剂、近期出现质量问题的品种、药品监督管理部门重点监控的品种。

4.2 药品库房温湿度检查

4.2.1 检查各库房温湿度是否正常:常温库为 10～30℃,阴凉库不高于 20℃,各库房的相对湿度均保持在 35%～75%。超过规定范围,应及时采取调控措施,确保库房温湿度持续控制在规定的标准范围内。

4.3 药品养护及方法

4.3.1 根据库房条件、外部气候环境、药品质量特性等进行药品养护检查。

4.3.2 药品养护时,应对药品的外观、包装等质量状况进行检查,并准确记录。

4.3.3 养护检查过程中,发现有疑似质量问题的药品,应立即在计算机管理系统中对问题品种进行锁定,并报质量管部门;经质量管理部门确认无质量问题的由质管部门解除锁定;确认有质量问题的按《不合格药品确认和控制处理操作规程》处理。

4.4 养护记录建立、汇总、分析

4.4.1 养护员登录计算机管理系统如实填写养护情况,经审核操作由计算机系统自动生成养护记录。养护记录包括养护日期、养护药品基本信息(品名、规格、生产企业、批号、批准文号、有效期、数量)、质量状况、存在问题及其处理和预防措施、养护人员等。

4.4.2 养护员依据养护记录按年度进行汇总、分析养护信息,形成分析报告,以便质量管理部门和业务部门及时、全面地掌握储存药品质量信息,合理调节库存药品的数量,保证药品质量。报告的内容可包括:库房内储存品种的结构、数量、批次等项目,养护过程中所发现的质量问题及其产生原因、比率、改进与预防措施等。

4.4.3 养护员通过计算机系统对库存药品的有效期进行自动跟踪和控制,经审核操作由系统自动生成效期报表,及时打印《近效期药品一览表》,并按规定上报业务部门。

4.4.4 养护记录应至少保存 5 年备查。

4.5 药品养护措施

4.5.1 依据季节气候的变化,按药品质量特性对温湿度的特殊要求,利用库房现有条件和设备,采取密封、避光、通风、降温、除湿等一系列养护方法,调控温湿度,预防药品发生质量变异,并重点做好夏防、冬防养护工作。

4.5.2 启用养护设备的,需认真填写《设施设备使用记录》。

4.6 指导、督促、巡查

4.6.1 指导和督促储存人员对药品进行合理储存与作业,对不规范的储存与作业行为给予纠正,并如实填写指导督促记录。

4.6.2 接受质管部对各库的药品养护工作进行检查、指导、督促,发现问题应及时纠正和预防。

4.6.3 巡查库房内卫生环境、药品储存设施设备的适宜性、药品避光、遮光、通风、防潮、除湿、防虫、防鼠等措施的有效性、安全消防设施的运行状态等进行检查和调控,并做好养护巡查记录。

4.7 设施设备使用、维护、记录

4.7.1 设施设备使用包括:空调、温湿度系统、排风扇等。空调每次使用前、后都应检查是否正常,根据库内温湿度的情况进行开启和关闭,保管员可协助养护员完成此项工作。

4.7.2 定期对设施设备检查维护,发现问题时应提出纠正建议和通知相关部门处理。

4.7.3 如实填写《设备使用记录》《设施设备检修、维护记录》并保存 5 年备查。

5 附则

5.1 本操作规程解释权属质量管理部,经由总经理批准后发布执行。

5.2 本操作规程的执行部门为质量管理部、仓储部。

5.3 本操作规程发放范围为公司质量管理部、仓储部相关岗位人员。

5.4 本操作规程培训对象及要求:由行政部组织对养护员、质量管理员进行培训。

5.5 本程序产生的质量记录在质量管理部存档,保存期限不少于 5 年。

表 5-19　药库库存药品质量检查表

重庆×××医药有限公司

药库库存药品质量检查表

检查日期:		检查人:	
室内温度:		室内湿度:	
检查药品品种:			
检查药品数量:			
检查内容:	1.药品是否分类摆放:□是　□否		
	2.药品是否摆放整齐:□是　□否		
	3.是否有近期药品:□是　□否		
	近期药品品种及数量	品种:	
		数量:	
	4.药品包装是否完善:□是　□否		
	5.特殊药品是否有标识:□是　□否		
	6.特殊药品是否符合要求:□是　□否		
	7.安全设施是否完善:□是　□否		
情况总结:			

　　GSP 现场检查包括对企业相关人员进行提问，如养护员是否按照《药品质量养护管理制度》《库存药品养护操作规程》完成养护员职责，是否按要求填写《库存药品质量检查记录表》。

序号	评价内容	评价标准
1	养护员指导文件格式	包含文件编号、文头
2	养护员岗位职责	包括养护员岗位职责
		包含养护员工作内容
3	养护员操作规程	确定重点养护品种、制定养护计划
		药品库房温湿度检查
		药品养护及方法
		养护记录建立、汇总、分析
		药品养护措施
		指导、督促、巡查
		设施设备使用、维护、记录
4	养护员现场指导	按照要求完成不同储存要求的药品在库养护，对药品进行分类储存，每日确认库房温湿度是否符合要求，定期循环进行在库药品质量养护，对库存药品定期进行抽查，并填写相关记录表
		落实 GSP 对药品质量养护的规范性要求

实训 5-5　指导文件的制定案例 5 复核员

　　2021 年 4 月 13 日，A 医院在接收 B 医药公司发货的药品时发现，B 医药公司将该医院订购的药品利巴韦林颗粒（规格为 50mg；包装为 18 袋/盒，数量为 100 盒）错发成利巴韦林片。经过 B 医药公司质量管理部门的沟通调查发现，导致差错出现原因为：出库复核员将 A 医院《销售单》与 C 医院《销售单》混淆。B 医药公司质量管理部在接到反馈、分析原因和按照规定进行处理后，参照《药品经营质量管理规范现场检查指导原则》：药品出库时应当对照销售记录进行复核。要求仓储部对出库复核员进行重新指导培训，质量管理部门对出库复核员进行考核。

操作要求

1.请根据背景资料，按评价标准制定出复核员岗位指导文件。

2.能根据企业实际情况，制定出符合 GSP 要求的复核员岗位职责、操作规程等。例：复核员岗位职责和操作规程见表 5-20、表 5-21。

3.能按照 GSP 要求进行复核员现场指导。

表 5-20　复核员岗位职责

×××医药有限公司

文件名称	复核员质量职责		页数	共 1 页
文件编码	××-××-×××-××××		版本号	第二版
起草人：	审核人：		批准人：	
日期：　年　月　日	日期：　年　月　日		日期：　年　月　日	
修订原因	为符合《药品经营质量管理规范》[国家食品药品监督管理总局令第 13 号]相关规定和要求			

1　负责药品出库复核，对出库药品进行质量检查和数量、项目的核对

2　发现有相关规定的异常情形时，应停止复核，并报质量管理部、销售部处理

3　负责对药品拼箱发货的代用包装箱标注醒目的拼箱标志

4　负责在药品出库时附加盖药品出库专用章原印章的随货同行单（票）

5　对复核质量合格的药品，在出库单上签字，负责妥善保管出库单据

6　负责出库药品电子监管扫码

7　负责及时在计算机系统完善出库复核记录

8　其他应当由复核员履行的职责

表 5-21　复核员操作规程

×××医药有限公司

文件名称	药品出库复核操作规程		页数	共 2 页
文件编码	××××-××-×××-××××		版本号	第二版
起草人：	审核人：		批准人：	
日期：　年　月　日	日期：　年　月　日		日期：　年　月　日	
修订原因	为符合《药品经营质量管理规范》[国家食品药品监督管理总局令第 13 号]相关规定和要求			

1 目的

　　为规范药品出库复核管理，确保售出药品质量合格，杜绝不合格药品流出。

2 适用范围

　　适用于药品的发货复核管理。

3 依据

　　《药品经营质量管理规范》（国家食品药品监督管理总局令第 13 号）。

《药品出库复核管理制度》。

4 内容

4.1 拣货

4.1.1 取拣货单：发货员按照仓储部部长的工作指令，领取拣货单。

4.1.2 照单拣货：照单逐项发货，注意按批号发货，逐一核对销往单位、销售日期、品名、规格、生产厂家、数量、批号、有效期等信息。

4.1.3 移交复核：完成拣货后，将拣货分整零移放至发货区的地垫和"拼箱复核"工作台上，移交复核员复核。

4.1.4 电脑录入：在计算机操作系统中，完成发货人签名。

4.1.5 异常处理

• 如遇数量异常，报仓储部部长处理。

• 如遇质量异常，报质量管理部处理。

4.2 复核

4.2.1 制复核单：复核员在计算机系统复核模块，调出销售记录，自动生成复核单。

4.2.2 照单复核：照单逐项复核，逐一核对销往单位、销售日期、品名、剂型、规格、生产厂家、数量、批号、有效期等信息。

4.2.3 电子监码扫描：复核员负责对电子监管药品进行扫码操作，完成扫码后，将手持终端及时移交数字证书操作员进行电子监码信息数据上传。

4.2.4 随货同行票装箱：复核员按批号核实，确认质量完好后发货员方可发货，复核员在《随货同行单》上签字，并加盖公司药品出库专用章原印章。

4.2.5 零货拼箱、标记：发零货时的拆零拼箱，应选择合适的包装物料和拼箱方法包扎牢固，外包装应显著标明"拼箱"与销往客户名称。复核后及时清理现场和包装物料，拆零工具定置存放。

4.2.6 移交出库或待发：完成上述作业后，将待发药品移交运输部配送；如运输部暂无空置车辆，则暂将待发药品放置于发货区妥善堆放。

4.2.7 复核记录：完成复核后，复核员在计算机操作系统中，完善建立出库复核记录，记录包括购货单位、药品的通用名称、剂型、规格、数量、批号、有效期、生产厂家、出库日期、质量状况和复核员等内容。

4.2.8 异常处理：复核员按《销售出库单》所载项目进行质量检查和复核。如发现下列问题应停止发货，并通知质管部处理：

• 药品包装出现破损、污染、封口不牢、衬垫不实、封条损坏等问题。

• 包装内有异常响动或者液体渗漏。

• 标签脱落、字迹模糊不清或者标识内容与实物不符。

• 药品已超过有效期。

• 怀疑质量变化、未经质管部确认质量状况的药品。

• 其他异常情况的药品。

5 附则

5.1 本程序解释权属质量管理部，经由总经理批准后发布执行。

5.2 本规程的执行部门为仓储部、质量管理部。

5.3 本规程发放范围为公司仓储部、质量管理部相关岗位人员。

5.4 本规程培训对象及要求：由行政部组织对仓储部部长、保管员、发货员、复核员、质量管理部部长、质量管理员进行培训。

5.5 本规程产生的相关质量记录由相应的仓储部、质量管理部存档，保存期限至少5年。

药品监督管理部门对仓库人员进行检查，通常包括对仓库相关人员进行提问，如复核员是否按照《药品出库复核管理制度》《药品出库复核操作规程》完成复核员职责，是否按要求填写《出库复核记录》。

评价标准

序号	评价内容	评价标准
1	复核员指导文件格式	包含文件编号、文头
2	复核员岗位职责	包括复核员岗位职责
		包含复核员工作内容
3	复核员操作规程	制复核单
		照单逐项复核
		电子监码扫码，进行电子监码信息数据上传
		在《随货同行单》上签字，并加盖公司药品出库专用章原印章
		零货拼箱、标记
		移交出库或待发
		建立复核记录
		异常处理
4	复核员现场指导	按照要求完成药品出库复核操作，确保按发货清单逐品种、逐批号对药品进行质量检查和数量、项目核对，并填写药品出库复核记录
		落实 GSP 对药品出库复核的规范性要求

实训 5-5　指导文件的制定案例 6 运输员

背景资料

2020 年 10 月 23 日，A 医院在接收 B 医药公司发货药品"门冬胰岛素注射液"[规格 3ml：300 单位（特充），包装为 1 支/盒，数量 10 盒]，运输员在交付药品时，A 医院检查冷藏箱温度记录发现：该次冷链运输温度在最后 1 小时期间超过 7.5℃。A 医院特将此次运输温度情况反馈到 B 医药公司质量管理部门，经过 B 医药公司质量管理部门的调查发现：该次运输配送过程中，运输员未按照指定的配送路线在规定的时间配送 A 医院的药品，导致该批次药品到达 A 医院的时间比原定时间晚了 3h，出现温度异常情况。根据公司《药品运输操作规程》要求：运输员必须按照指定路线进行药品运输，不得中途、随意更改，如确需更改必须报经运输部门负责人同意。B医药公司质量管理部门按照规定对该次事件进行处理后，对运输员进行重新指导培训和考核。

操作要求

1.请根据背景资料，按评价标准制定出运输员岗位指导文件。

2.能根据企业实际情况，制定出符合GSP要求的运输员岗位职责、操作规程等。例：药品运输员（配送员）岗位职责和操作规程见表5-22、表5-23。

3.能按照GSP要求进行运输员现场指导。

表5-22 药品运输员（配送员）岗位职责
×××医药有限公司

文件名称	运输员(配送员)岗位职责	文件编码	××-××-×××-××××
起草人签名		起草日期	年　月　日
审核人签名		审核日期	年　月　日
批准人签名		批准日期	年　月　日
分发部门		生效日期	年　月　日
变更记载 修订号　　批准日期　　生效日期		变更原因及目的：	

1.运输员按指定的运输工具和运输线路做好药品的运输准备工作

2.运输员依据运输凭证,当场核实所需运输药品的交货单位、药品件数等内容,并检查药品包装及标注情况,准确无误后在运输凭证上签名确认

3.搬运、装卸药品应轻拿轻放,严格按照外包装图示标志要求堆放,不得将药品倒置、重压

4.药品装车应堆码整齐、捆扎牢固,并采取相应防护措施,防止药品撞击、倾倒、污染、水湿和破损,保证药品的运输安全

5.应针对运送药品的包装条件和道路状况,采取相应措施,如塑料泡沫等,防止药品破损和混淆;运送有温度要求的药品,应采取防寒或冷藏措施,如保温箱、冰袋、冷冻箱等物品,确保药品在运输过程中的质量

6.车辆运输时,必须覆盖严密,禁止敞棚运输

7.司机须谨慎驾驶,避免易使药品损坏的不安全因素

8.运输员应与托运部门或收货单位相关人员及时清点药品,办理托运、交货手续,货、单相符后,在托运、交货凭证上盖章、签名确认,并妥善保管凭证

9.运输员应与本企业药品发货员办理药品运输后交接手续

10.运输特殊管理药品应按《麻醉药品管理办法》《精神药品管理办法》《医疗用毒性药品管理办法》和《放射性药品管理办法》的规定执行;运输危险品应按《化学危险品管理条例》的规定执行

11.对在运输过程中发现药品有质量问题时,应中止该药品的发货,及时上报质量管理部门处理,并做好相应记录,不得自行整理后继续运送给购货单位

表 5-23　药品配送运输操作规程

××××医药有限公司

文件名称	药品配送运输操作规程		页数	共 2 页
文件编码	××××-××-×××-××××		版本号	第二版
起草人：		审核人：	批准人：	
日期：　年　　月　　日		日期：　年　　月　　日	日期：　年　　月　　日	
修订原因	为符合《药品经营质量管理规范》[国家食品药品监督管理总局令第 13 号]相关规定和要求			

1 目的

　　规范药品运输管理,保证药品质量,特制定本操作规程。

2 适用范围

　　适用于药品的运输管理。

3 依据

　　《药品经营质量管理规范》[国家食品药品监督管理总局令第 13 号]。

　　《药品运输管理制度》。

4 内容

4.1 出库发运

　　4.1.1 药品运输前,由运输部部长合理安排运输线路。药品运输在遵循"及时、准确、安全、经济"的原则,确保安全的前提下,选择最佳运输路线运输。安排运输路线时,应做到急货先送。

　　4.1.2 根据待运药品情况,选择合适的运输车辆和设备。

　　4.1.3 发运时,配送员依据《销售出库单》,对运输的药品当面一一核实购货单位、药品件数等信息。

4.2 药品装车

　　4.2.1 药品装车,配送员应按单逐一复核,做到单货相符。

　　4.2.2 药品包装破损或被污染,不得装车。

　　4.2.3 药品装车后,堆码整齐、捆扎牢固,防止药品撞击、倾倒。

　　4.2.4 药品装卸时,禁止在阳光下停留时间过长或下雨时无遮盖作业。

　　4.2.5 搬运、装卸药品应轻拿轻放,严格按照外包装示标志要求堆放,并采取防护措施,保证药品的安全。

　　4.2.6 运输药品的车辆,不得装载对药品有损害或无关的物品,不能将重物压在药品包装箱上。

4.3 药品运输

　　4.3.1 车辆启动前,应当检查运输工具,发现运输条件不符合规定的,不得发运。

　　4.3.2 车辆启运时,应当做好运输记录,内容包括运输工具和启运时间、药品数量、目的地等。

　　4.3.3 配送员应按送货线路,逐单位送货,不得中途随意更改;若确需改变应报运输部部长同意。

　　4.3.4 配送员须谨慎驾驶,避免易使药品损坏的不安全因素。

　　4.3.5 车辆运输时,必须保持密闭。

　　4.3.6 运输药品应针对运送药品的包装条件及运输道路状况,采取必要措施,防止药品破损和混淆。

　　4.3.7 在运输途中发生质量或数量问题由配送员负责。

　　4.3.8 配送员负责搬运药品送至购货单位。

4.4 到货交接

　　4.4.1 货到后,配送员与购货单位收货人员当面清点所交药品。

　　4.4.2 交接时药品如有异样,配送员应及时上报运输部部长,并查明情况,写清经过,购货单位收货人员签字作证。

4.5 返回交接	
4.5.1 对购货单位拒收或当天未及时送达的药品,配送员必须在返回当天与出库复核员交接,必要时请验收员对退货药品进行质量验收。	
4.5.2 对销售部通知要求退货的药品,配送员从购货单位处接收到货物后,应在当天返回同购货单位收货员办理的交接手续。	
4.5.3 配送员应当天将购货单位收货人员签收的送货回执联交财务部留存。	
5 附则	
5.1 本操作规程解释权属质量管理部,经由总经理批准后发布执行。	
5.2 本规程的执行部门为运输部。	
5.3 本规程发放范围为公司运输部。	
5.4 本规程培训对象及要求:由行政部组织对运输部部长、配送员进行培训。	
5.5 本规程产生的相关质量记录由相应的运输部存档,保存期限至少 5 年。	

注意事项

　　医药经营单位质量管理部门对运输人员进行检查,通常包括对运输相关人员进行提问,如运输员是否按照《药品运输管理制度》《药品冷链运输管理制度》《药品运输操作规程》完成运输员职责。

评价标准

序号	评价内容	评价标准
1	运输员指导文件格式	包含文件编号、文头
2	运输员岗位职责	包括运输员岗位职责
		包含运输员工作内容
3	运输员操作规程	出库发运:依据《销售出库单》,对运输的药品当面一一核实购货单位、药品件数等信息
		药品装车:按单逐一复核,做到单货相符等
		药品运输:按送货线路,逐单位送货,不得中途随意更改等
		到货交接:与购货单位收货人员当面清点所交药品
		返回交接:
4	运输员现场指导	按照要求运输前制定运输路线,复核装车药品做到货单一致,运输时按照固定线路谨慎驾驶,到货后做好交接,签好客户回单
		落实 GSP 对药品运输尤其是冷链运输的规范性要求

实训 5-6　医药物流现场指导

某省药品监督管理局于 2021 年 1 月 26 日检查现场时，发现某企业药品保管员黄某、赵某岗前培训内容不全面，无针对该岗位的职责及操作规程的培训内容。参照《药品经营质量管理规范现场检查指导原则》，该企业违反了"人员与培训"项目中 02601 条款：培训内容应当包括相关法律法规、药品专业知识及技能、质量管理制度、职责及岗位操作规程等。按照《药品经营质量管理规范》规定，药品监督管理局要求其于 2021 年 2 月 28 日前完成整改。

操作要求

1. 请根据背景资料，指出企业现场存在的问题。

2. 根据发现问题给出相应的处理措施和预防措施。

3. 按评价标准制定出符合 GSP 要求的《缺陷项整改报告》。见附件 1 GSP 认证现场检查缺陷项目整改报告。

注意事项

缺陷项目具体情况、缺陷项目等级划分和风险程度等级评价参照《药品经营质量管理规范现场检查指导原则》。

评价标准

序号	评价内容	评价标准
1	标题	报告标题（如某企业 GSP 现场检查缺陷项整改报告）
2	主送单位或部门	报告主送单位或部门（如某药品监督管理局药品流通监管处等）
3	正文	① 缺陷项目的概括性描述，包括：检查的时间、地点、主导者、类型、检查项目、总共有多少条缺陷项（要包括严重缺陷、主要缺陷和一般缺陷各多少条） ② 具体情况分析表，表格项目包括： a. 检查项目（如人员、组织结构等） b. 缺陷项目（包括条款号和具体内容） c. 缺陷原因分析 d. 风险评估 e. 整改措施 f. 预防措施 g. 整改效果 h. 整改部门和责任人 i. 检查部门和检查人 j. 检查完成时间
4	结尾	包括全部缺陷项目整改完成的最后时间和结果，提出复查的请求等

附件1 GSP 现场检查缺陷项目整改报告

×××医药有限公司文件

［2021］009 号

GSP 现场检查缺陷项目整改报告

×××食品药品监督管理局药品流通监管处：

受省局委派，2021 年 1 月 26 日检查现场时，由组长×××、组员×××组成的省局 GSP 专家组，依据《药品经营质量管理规范》和《药品经营质量管理规范现场检查指导原则》对我司经营和质量管理情况进行了全面细致的检查，对我司存在的问题实事求是地进行了客观的评价和分析，检查总体情况是严重缺陷 0 项，主要缺陷 0 项，一般缺陷×项。

在检查结束后，公司质量领导小组成员当天召开了质量工作现场会议，由公司董事长亲自主持牵头，成立整改小组。认真总结，讨论了检查组提出的缺陷项问题，针对问题查找原因，举一反三，并针对检查中发现的缺陷项目逐条落实，责任到人，不走过场，做到整改措施落实，人员落实，时间落实。现将整改情况汇报如下。

一、黄某、赵某岗前培训内容不全面，没有针对不同岗位的职责及操作规程的培训内容。

1. 原因分析：公司的岗前培训工作是结合新版 GSP 宣贯一起做的，进行了新版 GSP 知识点的学习并按照所学的内容进行了试卷考试。没有专门针对不同岗位分别进行不同职责和操作规程的考核。公司今年新聘三名员工，分别是两个保管员和一个开票员，他们三个人共用一张试卷进行了考试，职责及操作规程内容不突出。

2. 风险评估：不全面的岗前培训容易导致员工上岗后不清楚自己的职责和操作规程。不能保证规程得到切实落实、岗位职责得到履行。属于中度风险隐患。

3. 整改措施及相关证据：重新制定临时培训计划，实施全员岗前培训工作，按照各自职责和操作规程分别培训。

4. 整改效果：已整改到位。

5. 预防措施：严格按照×××项要求，对今后新入职员和转岗人员工进行不同岗前培训，包括药品相关法律法规及本岗位职责及操作规程的培训。

6. 责任人：×××

7. 检查人：×××

8. 完成时间：2021 年×月×日

截至 2021 年×月×日，本次检查存在的缺陷项共计×款已全部整改到位，请省局领导给予现场复查，不妥之处请批评指正，谢谢。

下篇
技术理论

项目一
职业道德与安全知识

一、单项选择题试题编号：CLAa1～4

CLAa1.（　　）是调节人与人之间、人与社会之间、人与自然之间关系的行为规范的总和。

A. 道德 　　　　　　　　　　　　B. 宪法

C. 制度 　　　　　　　　　　　　D. 法规

CLAa2. 药品的特殊性不包括（　　）

A. 使用上的专属性 　　　　　　　B. 作用上的两重性

C. 质量上的合格性 　　　　　　　D. 药效上的限时性

CLAa3. 将灭火剂直接喷洒在可燃物上，使可燃物温度降低到燃点以下，从而使燃烧停止。这种灭火方法是（　　）

A. 冷却灭火法 　　　　　　　　　B. 窒息灭火法

C. 隔离灭火法 　　　　　　　　　D. 抑制灭火法

CLAa4. 不属于灭火的基本方法的是（　　）

A. 抑制灭火法 　　　　　　　　　B. 窒息灭火法

C. 隔离灭火法 　　　　　　　　　D. 水淋灭火法

二、多项选择题试题编号：CLAc1～2

CLAc1. 提供（　　）的药品是医药职业道德的重要原则。

A. 安全 　　　　　　　　　　　　B. 有效

C. 合规 　　　　　　　　　　　　D. 经济

E. 适宜

CLAc2. 道德以（　　）等为评判标准。

A. 是非   B. 善恶

C. 荣辱   D. 制度

E. 法规

项目一职业道德与安全知识标准答案

单项选择题	答案	多项选择题	答案
CLAa1	A	CLAc1	ABD
CLAa2	C	CLAc2	ABC
CLAa3	A		
CLAa4	D		

项目二
医药学基础知识

一、单项选择题试题编号：CLBa1～6

CLBa1.通常构成反射弧的五个环节是（　　　）

A.感受器→传入神经→中枢→传出神经→效应器

B.传入神经→感受器→传出神经→中枢→效应器

C.传入神经→中枢→感受器→传出神经→效应器

D.感受器→传入神经→传出神经→中枢→效应器

CLBa2.血细胞是血液的有形成分，占血液的容积百分比是（　　　）

A.6％～8％　　　　　　　　　　B.20％～30％

C.40％～50％　　　　　　　　　D.60％～70％

CLBa3.应用长效巴比妥类催眠药后，次晨仍有困倦、头晕、乏力等"宿醉"现象属于药物作用的（　　　）

A.不良反应　　　　　　　　　　B.后遗效应

C.继发反应　　　　　　　　　　D.特异质反应

CLBa4.高血压患者长期服用普萘洛尔，若突然停药会导致血压急剧回升，这种现象属于药物的什么作用（　　　）

A.不良反应　　　　　　　　　　B.停药反应

C.继发反应　　　　　　　　　　D.特异质反应

CLBa5.（　　　）属于药酶诱导剂，能加快药物的代谢，使药效减弱。

A.对氨基水杨酸　　　　　　　　B.氯霉素

C.苯妥英　　　　　　　　　　　D.异烟肼

CLBa6.构成人体基本的结构和功能单位是（　　　）

A. 细胞　　　　　　B. 器官　　　　　　C. 系统　　　　　　D. 生物体

二、配伍选择题试题编号：CLBb1～9

A. 10　　　　　　B. 12　　　　　　C. 30　　　　　　D. 31

CLBb1. 外周神经系统包括（　　）对脑神经。

CLBb2. 外周神经系统包括（　　）对脊神经。

A. 衣原体　　　　　　B. 螺旋体　　　　　　C. 支原体　　　　　　D. 立克次体

CLBb3.（　　）为目前发现的最小、最简单的原核生物。

CLBb4.（　　）是细胞内寄生物，主要寄生于节肢动物。

CLBb5.（　　）广泛寄生于人类、哺乳动物及鸟类。

A. 消化道给药　　　　　　　　　　B. 注射给药

C. 呼吸道给药　　　　　　　　　　D. 经皮和黏膜给药

CLBb6.（　　）会存在首关消除现象。

CLBb7. 外用药物主要发挥局部作用，如果在制剂中加入促皮吸收剂，可使吸收能力加强，属于（　　）

CLBb8.（　　）方式可使药物迅速进入体循环。

CLBb9.（　　）是临床对哮喘治疗常采用的有效方式。

三、多选题试题编号：CLBc1～2

CLBc1. 在质量管理中，药品质量基本特征有（　　）

A. 有效性　　　　　B. 安全性　　　　　C. 稳定性　　　　　D. 均一性

E. 经济性

CLBc2. 特殊管理药品包括（　　）

A. 含麻药品　　　　　　　　　　B. 麻醉药品

C. 精神药品　　　　　　　　　　D. 医疗用毒性药品

E. 放射性药品

项目二医药学基础知识标准答案

单项选择题	答案	配伍题	答案	多项选择题	答案
CLBa1	A	CLBb1	B	CLBc1	AB
CLBa2	C	CLBb2	D	CLBc2	BCDE
CLBa3	B	CLBb3	C		
CLBa4	B	CLBb4	D		
CLBa5	C	CLBb5	A		
CLBa6	A	CLBb6	A		
		CLBb7	D		
		CLBb8	B		
		CLBb9	C		

项目三 现代医药物流基础知识

一、单项选择题试题编号：CLCa1～6

CLCa1. 以下哪一项不是地理信息系统所具有的特点（　　）

A. 公共的地理定位基础

B. 具有采集、管理、分析和输出多种地理空间信息的能力

C. 具有极强的空间综合分析和动态预测能力

D. 以地理研究和地理决策为目的，是一个封闭的空间决策支持系统

CLCa2. 目前在药品流通过程中执行（　　）政策。

A. 一票制　　　　　　　　　　B. 两票制

C. 三票制　　　　　　　　　　D. 四票制

CLCa3. 以下不属于生物识别技术的是（　　）

A. 声音识别技术　　　　　　　B. 人脸识别技术

C. 指纹识别技术　　　　　　　D. 图像识别技术

CLCa4. 以下不属于电子标签辅助拣货的主要优点的是（　　）

A. 提升作业速度与品质　　　　B. 增加前置作业时间

C. 实现无纸化、标准化作业　　D. 缩短操作人员上线的培训过程

CLCa5. 以下哪一项不是现代医药物流行业发展趋势（　　）

A. 互联网技术将会得到全面应用

B. 政策开放，加速行业分散发展

C. 第三方药品物流配送市场竞争升温

D. 部分企业跨界进入医药物流领域

CLCa6. 以下哪个不是仓储管理系统的优点（　　）

A. 文档利用率高   B. 提高库存准确度

C. 仓储数据更新及时   D. 严格控制预算、增加退库业务

二、配伍选择题试题编号：CLCb1～4

A. 公路运输设备   B. 铁路运输设备

C. 水路运输设备   D. 航空运输设备

CLCb1. 具有速度快、机动灵活的特点，但其运费高、运输量小，容易受气候影响的是（   ）

CLCb2. 具有运输量大，速度快，成本低，一般不受气候条件限制，适合大宗、笨重货物的长途运输的是（   ）

CLCb3. 主要承担短途客货运输，在地势崎岖、铁路和水运不发达的边远和经济落后地区起着运输干线作用的是（   ）

CLCb4. 具有运输运载能力大、能耗少、成本低、投资省，但灵活性小，受自然条件的限制与影响的是（   ）

三、多项选择题试题编号：CLCc1～2

CLCc1. 以下属于航空运输的特点的有（   ）

A. 速度快   B. 机动灵活

C. 运费高   D. 运输量大

E. 不易受气候影响

CLCc2. 电子标签辅助拣货的主要优点有（   ）

A. 提升作业速度   B. 增加前置作业时间

C. 实现无纸化   D. 缩短操作人员培训过程

E. 降低错误率

项目三现代医药物流基础知识标准答案

单项选择题	答案	配伍题	答案	多项选择题	答案
CLCa1	D	CLCb1	D	CLCc1	ABC
CLCa2	B	CLCb2	B	CLCc2	ACDE
CLCa3	D	CLCb3	A		
CLCa4	B	CLCb4	C		
CLCa5	B				
CLCa6	D				

项目四
现代医药物流管理

一、单项选择题试题编号：CLDa1～10

CLDa1. 对于第三方物流企业来说，不同于一般的药品销售。只通过向委托方提供专业化物流服务，收取委托方的物流服务费用来获取利益（　　）

A. 参与药品的经营，不谋求药品的所有权

B. 不参与药品的经营，谋求药品的所有权

C. 不参与药品的经营，不谋求药品的所有权

D. 参与药品的经营，谋求药品的所有权

CLDa2. 药品流通环节越多，药品的价格（　　）

A. 越低   B. 越高

C. 不变   D. 以上三者都对

CLDa3. 在库房各项参数及使用条件符合规定的要求并达到运行稳定后，数据有效持续采集时间不得少于（　　）

A. 12h   B. 24h

C. 36h   D. 48h

CLDa4. 疫苗、胰岛素类药品需要的储运温度为（　　）

A. 0～8℃   B. 2～8℃

C. 2～10℃   D. －25～－10℃

CLDa5. 在我国市场销售的进口药品，必须附有（　　）

A. 进口使用说明书   B. 中文使用说明书

C. 英文使用说明书   D. 中英对照使用说明书

CLDa6. 地诺前列酮栓类药品需要的储运温度为（　　）

A. $-10\sim-8℃$ B. $2\sim8℃$

C. $-10\sim10℃$ D. $-25\sim-10℃$

CLDa7. 院内物流外包的优势陈述错误的是（   ）

A. 优化管理医院内部物流周转效率，实现医院药品的"零库存"模式管理

B. 解放医院护士、药师等医院内繁重的物流操作体力劳动

C. 只从普通流通企业中选出一个第三方物流服务商为医院服务。

D. 第三方服务商为医院提供整体的软硬件方案，保证药品流通质量

CLDa8. 冷藏车厢体内每增加（   ）m³ 就要增加测点。

A. 5   B. 10   C. 15   D. 20

CLDa9. 每个冷藏车厢体内测点数量不得少于（   ）个。

A. 9   B. 5   C. 20   D. 48

CLDa10. 第三方医药物流实现"只送药，不卖药"，实现（   ），提供专业化的现代医药物流服务。

A. 商流与物流统一   B. 商流与资金流有效分离

C. 资金流与物流统一   D. 商流与物流有效分离

二、配伍选择题试题编号：CLDb1～4

A. 整理   B. 整顿   C. 清扫   D. 清洁

CLDb1. 医药物流作业现场 6S 管理中，将工作场所的所有物品区分为有必要和没有必要的，除了有必要的留下来，其他的都消除掉或放置合适的位置指的是（   ）。

CLDb2. 医药物流作业现场 6S 管理中，将留下来的物品按规定位置摆放，并放置整齐加以标识，杜绝乱摆、乱放，使摆放物品一目了然指的是（   ）

A. 数字顺序法   B. 数字分段法

C. 暗示编号法   D. 混合编号法

CLDb3. 使用英文字母和阿拉伯数字组合作为药品储位编码方法的是（   ）

CLDb4. 从 1 开始一直往下的编码方法，属于延展式的编码方法的是（   ）

三、多项选择题试题编号：CLDc1～2

CLDc1. 伴随着"两票制"政策的推进，再加上医改的大背景，给现代医药物流带来新的机遇和挑战，同时也带来了新的行业规范要求，这些要求包括（   ）

A. 医药供应链扁平化对医药物流提出更高的要求

B. 医药物流市场对医药物流提出更高的要求

C. 第三方医药对医药物流提出更高的要求

D. 医药行业监督和标准，对医药物流提出更高的要求

E. 物流技术应用将拉大竞争差距，对医药物流提出更高的要求

CLDc2.采购管理是指为保障企业物资供应，对采购业务活动、人员、资金、评价等过程进行的（　　　）。

A. 计划　　　　　　B. 组织　　　　　　C. 协调　　　　　　D. 控制

E. 管理

项目四现代医药物流管理标准答案

单项选择题	答案	配伍题	答案	多项选择题	答案
CLDa1	C	CLDb1	A	CLDc1	ABCDE
CLDa2	B	CLDb2	B	CLDc2	ABCD
CLDa3	D	CLDb3	D		
CLDa4	B	CLDb4	A		
CLDa5	B				
CLDa6	D				
CLDa7	C				
CLDa8	D				
CLDa9	A				
CLDa10	D				

项目五
法律法规知识

一、单项选择题试题编号：CLEa1～32

CLEa1. 国务院药品监督管理部门应该自受理临床试验申请之日起（　　）个工作日内决定是否同意并通知临床试验申请者。

　　A. 十五　　　　　　B. 三十　　　　　　C. 六十　　　　　　D. 九十

CLEa2. 在中国境内上市的药品，应当经国务院药品监督管理部门批准，取得（　　），但是未实施审批管理的中药材和中药饮片除外。

　　A. 药品注册证书　　　　　　　　B. 新药证书

　　C. GSP 认证证书　　　　　　　　D. 药品审批合格证书

CLEa3. 实施审批管理的中药材、中药饮片品种目录由国务院药品监督管理部门会同国务院（　　）制定。

　　A. 卫生健康主管部门　　　　　　B. 中医药主管部门

　　C. 市场监督主管部门　　　　　　D. 农业主管部门

CLEa4. 列入国家药品标准的药品名称为（　　），该名称不得同时作为药品商标使用。

　　A. 药品通用名称　　　　　　　　B. 商品名

　　C. 化学名　　　　　　　　　　　D. 英文名

CLEa5. 药品上市许可持有人应当建立（　　），配备专门人员独立负责药品质量管理。

　　A. 药品质量监督体系　　　　　　B. 药品质量审查体系

　　C. 药品质量保证体系　　　　　　D. 药品质量追溯体系

CLEa6. 从事药品生产活动，应该遵守（　　），保证药品生产全过程持续符合法定要求。

A. 药品生产质量管理规范　　　　B. 药品经营质量管理规范

C. 药品管理法　　　　　　　　　D. 药品标准

CLEa7. 中药饮片应当按照国家药品标准炮制，国家药品标准没有规定的，应当按照（　　）制定的炮制规范炮制。

A. 县级人民政府药品监督管理部门

B. 市级人民政府药品监督管理部门

C. 省、自治区、直辖市人民政府药品监督管理部门

D. 国务院

CLEa8. 发运中药材应当有包装，在每件包装上应当注明品名、（　　）、日期、供货单位，并附有质量合格的标志。

A. 规格　　　　B. 产地　　　　C. 效期　　　　D. 数量

CLEa9. 医疗机构中直接接触药品的工作人员应当每（　　）年进行健康检查。

A. 三　　　　　B. 二　　　　　C. 一　　　　　D. 半

CLEa10. 从事药品批发活动，应当经（　　）批准，取得药品经营许可证。

A. 所在地省、自治区、直辖市人民政府药品监督管理部门

B. 所在地县级以上地方人民政府药品监督管理部门

C. 国务院药品监督管理部门

D. 国务院卫生健康主管部门

CLEa11. 县级以上人民政府应当制定（　　），以应对药品安全事件。

A. 药品安全事件应急预案　　　　B. 药品安全事件紧急预案

C. 药品事故应急预案　　　　　　D. 药品事件应急预案

CLEa12. 生产、销售假药的，没收违法生产、销售的药品和违法所得，责令停产停业整顿，吊销药品批准证明文件，并处违法生产、销售药品货值金额（　　）的罚款。

A. 五倍以上十倍以下　　　　　　B. 十倍以上二十倍以下

C. 十五倍以上三十倍以下　　　　D. 十五倍以上二十倍以下

CLEa13. 伪造、变造、出租、非法买卖许可证或药品批准文件的，情节严重者，对法定代表人、主要负责人等处（　　）的罚款。

A. 一万元以上十万元以下　　　　B. 二万元以上十万元以下

C. 二万元以上二十万元以下　　　D. 五万元以上二十万元以下

CLEa14. 提供虚假证明、资料等骗取临床试验许可、药品生产许可或药品经营许可的，撤销相关许可，（　　）内不准受理其相应申请。

A. 两年 B. 三年 C. 五年 D. 十年

CLEa15. 药物非临床安全评价研究机构、药物临床试验机构未遵守药物非临床研究质量管理规范、药物临床试验质量管理规范的，责令限期整改，情节严重的（　　）内不得开展药物非临床安全评价研究、药物临床临床试验。

A. 两年 B. 三年 C. 五年 D. 十年

CLEa16. 医疗机构违法将配制的试剂在市场销售的，责令改正，情节严重的处违法销售制剂货值金额（　　）的罚款。

A. 五倍以上十倍以下 B. 十倍以上二十倍以下

C. 五倍以上十五倍以下 D. 十五倍以上三十倍以下

CLEa17. 药品经营企业未按照规定报告疑似药品不良反应的，责令限期改正，给予警告，逾期不改的，责令停产停业整顿，并处（　　）的罚款。

A. 五万元以上十万元以下 B. 五万元以上十五万元以下

C. 五万元以上二十万元以下 D. 五万元以上五十万元以下

CLEa18. 药品检验机构出具虚假检验报告的，对直接负责的主管人员和其他直接责任人员依法给予（　　）处分。

A. 降级 B. 撤职

C. 警告 D. 降级、撤职、开除

CLEa19. 地区性民间习用药材的管理办法，由国务院药品监督管理部门会同国务院（　　）部门制定。

A. 中医药主管 B. 市场监督主管部门

C. 卫生健康主管部门 D. 农业主管部门

CLEa20. 国家建立药品供求监测体系，及时收集和汇总分析（　　）药品的供求信息，对其进行预警，采取应对措施。

A. 短缺 B. 进口 C. 特效 D. 生物

CLEa21. 到货的同一批号的整件药品有 70 件，应抽取（　　）件进行检查。

A. 2 B. 3 C. 4 D. 5

CLEa22. 到货的非整件药品要逐箱检查，对同一批号的药品，至少随机抽取（　　）个最小包装进行检查。

A. 1 B. 2 C. 3 D. 4

CLEa23. 企业应当按照质量管理体系文件的规定，按（　　）制定验证计划，根据计划确定的范围、日程、项目，实施验证。

A. 每周 B. 每月 C. 每季 D. 每年

CLEa24. 企业应当对相关设施设备及监测系统进行定期验证，定期验证的间隔时间不超过（　　）年。

A. 半　　　　　　　B. 1　　　　　　　C. 2　　　　　　　D. 3

CLEa25. 企业在每个库房均匀性设置验证布点的数量不得少于（　　）个。

A. 3　　　　　　　B. 5　　　　　　　C. 6　　　　　　　D. 9

CLEa26. 冷藏车厢体内每增加 $20m^3$，应增加（　　）个验证测点。

A. 3　　　　　　　B. 5　　　　　　　C. 6　　　　　　　D. 9

CLEa27. 每个冷藏箱或保温箱的测点数量不得少于（　　）个。

A. 3　　　　　　　B. 5　　　　　　　C. 6　　　　　　　D. 9

CLEa28. 对库房进行持续验证，数据有效持续采集的时间不得少于（　　）h。

A. 12　　　　　　B. 24　　　　　　C. 36　　　　　　D. 48

CLEa29. 对冷藏车进行持续验证，数据有效持续采集的时间不得少于（　　）h。

A. 1　　　　　　　B. 3　　　　　　　C. 5　　　　　　　D. 10

CLEa30. 验证数据采集的间隔时间不得大于（　　）min。

A. 1　　　　　　　B. 3　　　　　　　C. 5　　　　　　　D. 10

CLEa31. 药品医疗器械飞行检查，是指监督管理部门针对药品和医疗器械研制、生产、经营、使用等环节开展的（　　）的监督检查。

A. 预先告知　　　　　　　　　　B. 不预先告知

C. 定期　　　　　　　　　　　　D. 不定期

CLEa32. 药品监督管理部门派出的飞行检查组应当由（　　）名以上检查人员组成，检查组实行组长负责制的监督检查。

A. 2　　　　　　　B. 3　　　　　　　C. 4　　　　　　　D. 5

二、配伍选择题试题编号：CLEb1～12

A. 使用未经审批审评的原料药生产药品

B. 开展生物等效性试验未备案

C. 生产、销售以孕产妇、儿童为主要使用对象的假药、劣药

D. 未取得执业药师资格证即审核、销售处方药

CLEb1. 行为情节严重者对法定代表人、主要负责人等可由公安机关处五日以上、十五日以下拘留的是（　　）

CLEb2. 违法行为逾期不改正，处十万元以上五十万元以下罚款的是（　　）

CLEb3. 在处罚幅度内应加重处罚的违法行为是（　　）

A. 有依法经过资格认定的药师或者其他药学技术人员

B. 具有保证生物安全的制度和设施、设备

C. 质量管理负责人具有大专以上学历

D. 取得医疗机构执业许可证

CLEb4. 从事疫苗生产活动，除符合药品管理法规定的从事药品生产活动的条件外，还应该具备的条件有（　　）

CLEb5. 疫苗接种单位应具备的条件有（　　）

A. 未及时公布上市疫苗批签发结果

B. 委托生产疫苗未经批准

C. 因疫苗质量问题给受种者造成损害

D. 擅自进行群体性预防接种

E. 瞒报、谎报、缓报、漏报疫苗安全事件

CLEb6. 违法生产、销售疫苗情节严重的，对其法定代表人、主要负责人等可由公安机关处五日以上、十五日以下拘留的情形是（　　）

CLEb7. 疾病预防控制机构、接种单位有（　　）违法情形，由县级以上人民政府卫生健康主管部门责令改正、给予警告。

CLEb8. 批签发机构有（　　）违法情形的，对主要负责人、直接负责的主管人员和其他直接责任人员依法给予警告直至降级处分。

CLEb9. 县级以上人民政府在疫苗监督管理工作中有（　　）情形的，对直接负责的主管人员依法给予降级或撤职处分。

CLEb10. 不属于预防接种异常反应的是（　　）

A. 国务院国防科技工业主管部门

B. 国务院环境保护主管部门

C. 省、自治区、直辖市人民政府药品监督管理部门

D. 省、自治区、直辖市人民政府安全生产监督管理部门

CLEb11. 申请生产第一类中的非药品类易制毒化学品的，由（　　）审批。

CLEb12. 申请生产第一类中的药品类易制毒化学品的，由（　　）审批。

三、多项选择题试题编号：CLEc1～4

CLEc1. 从事药品研制活动，保证药品研制全过程持续符合法定要求，应该遵守（　　）。

A. GMP　　　　　B. GSP　　　　　C. GLP　　　　　D. GCP

E. GAP

CLEc2. 对申请注册的药品，国务院药品监督管理部门应组织药学、医学和其他技术人员进行审评，对药品的（　　）以及申请人的质量管理、风险防控和责任赔偿等能力进行审查。

A. 均一性   B. 稳定性

C. 安全性   D. 有效性

E. 质量可控性

CLEc3. 国家法定的药品标准包括（   ）。

A. 中国药典

B. 国务院药品监督管理部门颁布的药品标准

C. 中成药注册标准

D. 中药材炮制规范

E. 省、自治区、直辖市人民政府药品监督管理部门制定的药品标准

CLEc4. 药品上市许可持有人应当建立年度报告制度，每年按规定向省、自治区、直辖市人民政府药品监督管理部门报告药品的情况包括（   ）

A. 生产销售   B. 上市后研究

C. 风险管理   D. 临床研究

E. 临床前研究

项目五法律法规知识标准答案

单项选择题	答案	单项选择题	答案	配伍题	答案	多项选择题	答案
CLEa1	C	CLEa17	D	CLEb1	A	CLEc1	CD
CLEa2	A	CLEa18	D	CLEb2	B	CLEc2	CDE
CLEa3	B	CLEa19	A	CLEb3	C	CLEc3	AB
CLEa4	A	CLEa20	A	CLEb4	B	CLEc4	ABC
CLEa5	C	CLEa21	C	CLEb5	D		
CLEa6	A	CLEa22	A	CLEb6	B		
CLEa7	C	CLEa23	D	CLEb7	D		
CLEa8	B	CLEa24	B	CLEb8	A		
CLEa9	C	CLEa25	D	CLEb9	E		
CLEa10	A	CLEa26	D	CLEb10	C		
CLEa11	A	CLEa27	B	CLEb11	D		
CLEa12	C	CLEa28	D	CLEb12	C		
CLEa13	C	CLEa29	C				
CLEa14	D	CLEa30	C				
CLEa15	C	CLEa31	B				
CLEa16	C	CLEa32	A				

项目六
收货入库

一、单项选择题试题编号：CLFa1～14

CLFa1. 药品入库，必须遵守《中华人民共和国药品管理法》和《药品经营质量管理规范》（以下简称 GSP）的相关规定，保证入库药品（　　），防止不符合检查标准或怀疑为假劣药的药品入库或流入市场。

A. 数量　　　　　　　B. 质量　　　　　　　C. 规格　　　　　　　D. 名称

CLFa2. 以下属于冷冻药品的是（　　）

A. 胰岛素　　　　　　　　　　　B. 甲乙型肝炎联合疫苗

C. 注射用水溶性维生素　　　　　D. 洛莫司汀胶囊

CLFa3. 收货是指对（　　）的查验过程。

A. 药品和采购单据　　　　　　　B. 随货单据和货品

C. 发票和随货单据　　　　　　　D. 货源和药品实物

CLFa4.（　　）是医药物流配送中心运作周期的开始。

A. 收货作业　　　　　　　　　　B. 验收作业

C. 订货作业　　　　　　　　　　D. 配送作业

CLFa5. 普通药品收货区域为（　　）。

A. 常温　　　　　　　B. 普通　　　　　　　C. 阴凉　　　　　　　D. 冷冻

CLFa6. 药品到货时，收货员应检查运输工具是否为封闭式，如发现运输工具内有雨淋、腐蚀、污染等可能影响药品质量的现象，及时通知（　　）采购部门并报质量管理部处理。

A. 委托企业　　　　　　　　　　B. 发货企业

C. 采购企业　　　　　　　　　　D. 生产企业

CLFa7. 收货时核对的随货同行单上必须有（　　）原印章。

A. 出库专用章 　　　　　　　　　　B. 检验专用章

C. 随货同行专用章 　　　　　　　　D. 采购专用章

CLFa8. 收货员检查运输时限时应仔细核对运输单上的（　　），检查是否符合采购订单约定的（　　）。

A. 启运时间，运输温度 　　　　　　B. 承运时间，在途时限

C. 启运时间，在途时限 　　　　　　D. 启运时间，到达时间

CLFa9. 提取订单，仔细核对运输单据上载明的启运时间，检查是否符合采购订单约定的在途时限的是（　　）。

A. 卸货员 　　　B. 采购员 　　　C. 运输人员 　　　D. 收货员

CLFa10. 提取订单后，仔细核对运输单据上载明的启运时间，检查是否符合采购订单约定的在途时限，不符的应及时报（　　）部门进行处理。

A. 采购部 　　　B. 验收部 　　　C. 质量管理 　　　D. 财务部

CLFa11. 冷链药品是指对药品（　　）有冷藏、冷冻等温度要求的药品。

A. 储藏、收货 　　　　　　　　　　B. 储藏、保管

C. 储藏、运输 　　　　　　　　　　D. 收货、运输

CLFa12. 冷藏药品是指储藏、运输有冷处等温度要求的药品，冷处是指（　　）

A. 2～8℃ 　　　　　　　　　　　　B. 2～10℃

C. 0～8℃ 　　　　　　　　　　　　D. 0～10℃

CLFa13. 甲型乙型肝炎联合疫苗在储藏、运输过程中温度应保证在（　　）。

A. 0～15℃ 　　　　　　　　　　　B. 2～10℃

C. −10～10℃ 　　　　　　　　　　D. −10～25℃

CLFa14. 注射用水溶性维生素在储藏、运输时温度要求是（　　）

A. 2～8℃ 　　　B. 2～10℃ 　　　C. 0～8℃ 　　　D. 0～10℃

二、配伍选择题试题编号：CLFb1～8

A. 2 　　　　　　B. 5 　　　　　　C. 10 　　　　　　D. 30

CLFb1. 不同批号的特殊管理药品存放时垛间距不小于（　　）cm。

CLFb2. 特殊管理药品存放时与地面间距不小于（　　）cm。

CLFb3. 特殊管理药品存放时与库房内管道等设施间距不小于（　　）cm。

CLFb4. 药品类易制毒化学品专用账册保存期限应当自药品类易制毒化学品有效期期满之日起不少于（　　）年。

A. 第一类易制毒化学品 　　　　　　B. 第二类易制毒化学品

C. 第三类易制毒化学品　　　　　D. 医疗用毒性药品

CLFb5. 黄樟油为（　　　）

CLFb6. 高锰酸钾为（　　　）

CLFb7. 哌啶为（　　　）

CLFb8. 士的宁为（　　　）

三、多项选择题试题编号：CLFc1～2

CLFc1. 收货员进行药品的收货环节核查随货同行的单据时，可认定为随货同行单不符合要求的是（　　　）

A. 随货同行单为手写

B. 随货同行单用普通白纸打印

C. 随货同行单所盖公章不符合规定

D. 随货同行单上供货单位名称有误

E. 随货同行单缺失表头

CLFc2. 随货同行单以下哪种情况不符合要求（　　　）

A. 手写版随货同行单　　　　　B. 加盖药品出库专印章原印章

C. 普通白纸打印　　　　　　　D. 随货同行单样式多样

E. 随货同行单内容有误

项目六收货入库标准答案

单项选择题	答案	配伍题	答案	多项选择题	答案
CLFa1	B	CLFb1	B	CLFc1	ABCDE
CLFa2	D	CLFb2	C	CLFc2	ACDE
CLFa3	D	CLFb3	D		
CLFa4	A	CLFb4	A		
CLFa5	C	CLFb5	A		
CLFa6	A	CLFb6	C		
CLFa7	A	CLFb7	B		
CLFa8	C	CLFb8	D		
CLFa9	D				
CLFa10	C				
CLFa11	C				
CLFa12	B				
CLFa13	B				
CLFa14	B				

项目七
储存养护

一、单项选择题试题编号：CLGa1～34

CLGa1. 当日的贵重药品应进行（　　　）

A. 地毯式盘点　　　　　　　　　　B. 动碰货盘点

C. 对账式盘点　　　　　　　　　　D. 无需盘点

CLGa2. 日常生活中，我们所说的气温系指距离地面高度（　　）m处的空气温度。

A. 1　　　　　　　B. 1.5　　　　　　C. 2.5　　　　　　D. 3

CLGa3. 空气中实际含有的水蒸气量与同温度同体积的空气饱和水蒸气量之百分比，称为（　　　）

A. 温度　　　　　　　　　　　　　B. 湿度

C. 绝对湿度　　　　　　　　　　　D. 相对湿度

CLGa4. 相对湿度过小，药品容易发生的情况是（　　　　）

A. 潮解　　　　　　B. 发霉　　　　　　C. 生虫　　　　　　D. 风化

CLGa5. 甘油、无水乙醇、浓硫酸等，具有吸水性的液体药品，能吸收潮湿空气中的水分，而导致（　　　）

A. 变性　　　　　　B. 发霉　　　　　　C. 稀释　　　　　　D. 风化

CLGa6. 库内温度的变化主要受气温变化影响，库内的温度变化比外界的变化通常要（　　　）。

A. 快　　　　　　　B. 慢　　　　　　　C. 一样　　　　　　D. 不确定

CLGa7. 库内温度过高，可采取的降温措施有（　　　）

A. 开启制热空调　　　　　　　　　B. 火墙

C. 除湿机   D. 开启制冷空调

CLGa8.库内湿度偏高时,可采取的降湿措施有 (　　　)

A. 通风换气   B. 地面洒水

C. 添加加湿器   D. 遮光避光

CLGa9.当库内温度、相对湿度 (　　　) 库外时,可开启门窗,长时间通风。

A. 相等于   B. 均低于

C. 均高于   D. 不确定

CLGa10.当库内温度、相对湿度 (　　　) 库外时,应密闭门窗,不可通风。

A. 相等于   B. 均低于

C. 均高于   D. 不确定

CLGa11.对光敏感的药品,在养护过程中应采取的相应措施是 (　　　)

A. 防潮   B. 避光   C. 降温   D. 保温

CLGa12.要注意室外空气的相对湿度,正确掌握通风时机,一般应是库外天气晴朗、空气干燥时,才能打开门窗进行通风的是 (　　　)

A. 通风降湿   B. 密封防潮

C. 氯化钙吸湿   D. 机械吸潮

CLGa13.库内升湿一般不易采用的方法是 (　　　)

A. 地面洒水   B. 库内设置盛水容器

C. 喷雾设备喷水   D. 通风换气

CLGa14.为加强鼠害防治,防鼠措施中以下不正确的是 (　　　)

A. 保持库房整洁,无杂物   B. 库房四周投放老鼠药

C. 采用鼠夹、鼠笼等工具   D. 一般不用管理

CLGa15.中药饮片由于其形态、成分、性能的多样性及复杂性特点,在储存过程中发生质量变异的概率相对较大,为防止霉变腐败,可采取的措施是 (　　　)

A. 升湿   B. 晾晒   C. 避光   D. 升温

CLGa16.中药饮片由于其形态、成分、性能的多样性及复杂性特点,在储存过程中发生质量变异的概率相对较大,为防止变色、泛油,可采取的措施是 (　　　)

A. 升湿   B. 晾晒   C. 避光   D. 升温

CLGa17.某些药品受潮吸湿易滋生霉菌,造成发霉变质,如 (　　　)

A. 浓硫酸   B. 阿司匹林

C. 维生素 B_1 D. 中药饮片

CLGa18. 某些药品长期置于潮湿的空气中，吸收水分后容易发生分解变质，吸湿后分解释放出二氧化碳气体，如（　　　）

A. 碳酸氢钠　　　　　　　　　　B. 葡萄糖

C. 胃蛋白酶　　　　　　　　　　D. 中药饮片

CLGa19. 温湿度自动监测系统应当至少每隔（　　　）min 更新一次测点温湿度数据。

A. 1　　　　　　B. 10　　　　　　C. 20　　　　　　D. 30

CLGa20. 当监测的温湿度值超出规定范围时，系统应当至少每隔（　　　）min 记录一次实时温湿度数据。

A. 2　　　　　　B. 4　　　　　　C. 6　　　　　　D. 8

CLGa21. 对监测数据采用安全、可靠的方式按日备份，备份数据除了要存放在安全场所，记录及凭证还应当至少保存（　　　）年。

A. 1　　　　　　B. 3　　　　　　C. 4　　　　　　D. 5

CLGa22. 颗粒剂的粒径在哪个范围之内时，又被称为细粒剂（　　　）

A. 100～500μm　　　　　　　　B. 105～400μm

C. 105～500μm　　　　　　　　D. 100～405μm

CLGa23. 颗粒剂的质量检查项目不包括（　　　）

A. 水分　　　　　　　　　　　　B. 装量差异检查

C. 粒度　　　　　　　　　　　　D. 崩解时限检查

CLGa24. 中药颗粒剂按照水分测定法测定，其水分不得超过（　　　）

A. 5.0%　　　　　B. 7.0%　　　　　C. 8.0%　　　　　D. 9.0%

CLGa25. 单剂量罐装的糖浆剂装量检查应取（　　　）瓶供试品

A. 2　　　　　　B. 3　　　　　　C. 5　　　　　　D. 6

CLGa26. 糖浆剂入库验收主要是采用（　　　）

A. 肉眼观察　　　　　　　　　　B. 嗅觉观察

C. 味觉观察　　　　　　　　　　D. 理化试验

CLGa27. 糖浆剂应储存于多少（　　　）℃以下的避光处

A. 20　　　　　　B. 25　　　　　　C. 30　　　　　　D. 35

CLGa28. 栓剂的质量变异不包括（　　　）

A. 软化变形　　　B. 出汗　　　　　C. 干化　　　　　D. 吸潮

CLGa29. 栓剂的重量差异检查取供试品（　　　）粒

A. 8 粒　　　　　B. 10 粒　　　　　C. 15 粒　　　　　D. 20 粒

CLGa30. 栓剂应储存于（　　　）℃以下的干燥阴凉处

A. 20　　　　　　B. 25　　　　　　C. 30　　　　　　D. 35

CLGa31. 验证数据需要在库房各项参数及使用条件符合规定的要求并达

到运行稳定后，数据有效持续采集时间不得少于（   ）h。

    A. 12   B. 24   C. 48   D. 56

CLGa32.当监测的温湿度值达到设定的临界值或者超出规定范围，系统能就地完成中央监控器屏幕报警和在指定地点进行声光报警，同时采用短信通信的方式，向至少（   ）名指定人员发出报警信息。

    A. 1   B. 2   C. 3   D. 4

CLGa33.不是由于物理性质改变导致药品变异的是（   ）

A. 片剂吸潮崩解   B. 栓剂受热熔化变形

C. 片剂氧化变质   D. 粉剂吸潮结块

CLGa34.下列由于二氧化碳使药品发生质量变异的情况是（   ）

A. 醇被氧化成醛，醛被氧化成酸

B. 油脂及油脂软膏发生酸败现象

C. 氨茶碱放置在空气中，析出不溶于水的茶碱的现象

D. 维生素 C 发生分解失效现象

二、配伍选择题试题编号：CLGb1～8

A. 2 个   B. 4 个   C. 6 个   D. 8 个

CLGb1.冷藏库面积为 $300m^2$，至少需要安装（   ）个温湿度测点终端。

CLGb2.某一平面仓库面积为 $800m^2$，至少安装（   ）个温湿度测点终端。

CLGb3.全自动立体仓库货架层高在 9m，面积为 $300m^2$，至少安装（   ）个温湿度测点终端。

CLGb4.某独立的药品库房至少安装（   ）个温湿度测点终端。

A. 通风换气   B. 地面洒水

C. 开启暖气   D. 硫黄熏仓

CLGb5.温度偏高时可采取的措施是（   ）

CLGb6.温度偏低时可采取的措施是（   ）

CLGb7.湿度偏高时可采取的措施是（   ）

CLGb8.湿度偏低时可采取的措施是（   ）

三、多项选择题试题编号：CLGc1～2

CLGc1.按照 GSP 要求，药品库房或仓间安装的测点终端数量及位置应当符合要求，以下说法正确的是（   ）

A. 每一独立的药品库房或仓间至少安装 1 个测点终端。

B. 每一独立的药品库房或仓间至少安装 2 个测点终端，并均匀分布。

C. 平面仓库面积 300 平面以下的，只需安装 1 个测点终端。

D. 平面仓库面积 300 平面以下的，至少安装 2 个测点终端。

E. 高架仓库或全自动立体仓库的货架层高在 4.5～8m 的，每 300m^2 至少安装 4 个测点终端。

CLGc2.药品储存仓库的温湿度调控和监测是养护环节的最核心要求，常见的温度偏高可采取的措施有（　　　）

A. 开启空调　　　　　　　　B. 通风换气

C. 遮光避光　　　　　　　　D. 加冰强吹

E. 开启暖气

项目七储存养护标准答案

单项选择题	答案	单项选择题	答案	配伍题	答案	多项选择题	答案
CLGa1	B	CLGa18	A	CLGb1	C	CLGc1	BDE
CLGa2	B	CLGa19	A	CLGb2	B	CLGc2	ABCD
CLGa3	D	CLGa20	A	CLGb3	C		
CLGa4	D	CLGa21	D	CLGb4	A		
CLGa5	C	CLGa22	C	CLGb5	A		
CLGa6	B	CLGa23	D	CLGb6	C		
CLGa7	D	CLGa24	C	CLGb7	A		
CLGa8	A	CLGa25	C	CLGb8	B		
CLGa9	C	CLGa26	A				
CLGa10	B	CLGa27	C				
CLGa11	B	CLGa28	D				
CLGa12	A	CLGa29	B				
CLGa13	D	CLGa30	C				
CLGa14	D	CLGa31	C				
CLGa15	B	CLGa32	C				
CLGa16	C	CLGa33	C				
CLGa17	D	CLGa34	C				

项目八
复核出库

一、单项选择题试题编号：CLHa1～8

CLHa1.关于订单下发和拣货单制作，下列说法错误的是（　　）

A. 整件拣货和拆零拣货分别生成箱标签和物流箱号作为发货指令

B. 根据客户订单，拣货单分为拆零订单及组合订单两种

C. 拣货单是指 ERP 系统中的销售订单，传至 WMS 系统进行拣货信息处理后，打印出来的方式

D. 订单内容包括销售开票单号、单位编号、单位名称、配送地址等

CLHa2.具有效率高、差错率低的特点的（　　）通常使用电子标签辅助系统实行自动化分拣。

A. 组合订单
B. 整件订单

C. 拆零订单
D. 客户订单

CLHa3.拣货作业的基本过程包括四个环节，分别为拣货信息的形成、（　　）、拣货、集货。

A. 订单下发
B. 行走与搬运

C. 补货
D. 配装送货

CLHa4.以下拣货注意事项，说法错误的是（　　）

A. 特殊管理药品单人拣选，双人发货，放置于特殊药品专库内待发区

B. 药品包装内有异常响动和液体渗漏时，停止拣货

C. 包装标识模糊不清或脱落，停止拣货

D. 外包装出现破损、封口不牢、衬垫不实、封条严重损坏等现象，停止拣货

CLHa5. 补货操作分为两阶段进行，首先货物先从第一保管区移至第二保管区，当拣货区存货降到设定标准以下时，再将货物从第二保管区移到拣货区，这种补货操作称为（　　　）

　　A. 批量补货　　　　　　　　　B. 直接补货

　　C. 复合式补货　　　　　　　　D. 自动补货

CLHa6. 特殊管理药品复核拼箱的人员要求是（　　　）

　　A. 单人复核、单人签字　　　　B. 双人复核、双人签字

　　C. 单人复核、双人签字　　　　D. 双人复核、单人签字

CLHa7. 普通药品和冷链药品同时出库时，正确的出库顺序为（　　　）

　　A. 普通药品和冷链药品同时进行出库作业

　　B. 先进行普通药品拼箱出库作业，再进行冷链药品拼箱出库作业

　　C. 先进行冷链药品拼箱出库作业，再进行普通药品拼箱出库作业

　　D. 视情况，自行调整出库顺序

CLHa8. 为药品有使用期限的规定，所以同一品名、规格的药品在出库时应首先将较接近有效期截止日期的批号发出，这个原则称为（　　　）

　　A. 先产先出原则　　　　　　　B. 近期先出原则

　　C. 按批号发货原则　　　　　　D. 易变先出原则

二、配伍选择题试题编号：CLHb1～8

　　A. 常温区域　　　　　　　　　B. 阴凉区域

　　C. 冷库　　　　　　　　　　　D. 特殊药品规定的区域

CLHb1. 阿莫西林胶囊拣选在（　　　）内完成。

CLHb2. 水痘减毒活疫苗拣选在（　　　）内完成。

CLHb3. 利福平片拣选在（　　　）内完成。

CLHb4. 吗啡阿托品注射液拣选在（　　　）内完成。

　　A. 直接补货　　　　　　　　　B. 复合式补货

　　C. 批量补货　　　　　　　　　D. 自动补货

CLHb5. 一天的作业量变化不大时，适用（　　　）方式。

CLHb6. 货物周转非常快的中转性配送中心需要补货时，适用（　　　）方式。

CLHb7. 紧急插单少，适用（　　　）方式。

CLHb8. 每批次拣货量大时，适用（　　　）方式。

三、多项选择题试题编号：CLHc1～2

CLHc1. 装箱原则包括（　　　）

　　A. 大不压小　　　　　　　　　B. 重不压轻

　　C. 零不压整　　　　　　　　　D. 最大受力面

E. 固液分离

CLHc2. 如下药品装箱时符合拼箱要求的是（　　　）

A. 藿香正气水应与阿莫西林胶囊用隔板分开进行拼箱

B. 铝钛酸镁咀嚼片和布洛芬颗粒直接拼箱

C. 酮康唑洗剂和糠酸莫米松乳膏直接拼箱

D. 维生素 E 软胶囊与健胃消食片直接拼箱

E. 小儿氨酚黄那敏颗粒与红花油直接拼箱

项目八复核出库标准答案

单项选择题	答案	配伍题	答案	多项选择题	答案
CLHa1	B	CLHb1	B	CLHc1	AB
CLHa2	C	CLHb2	C	CLHc2	ABD
CLHa3	B	CLHb3	B		
CLHa4	A	CLHb4	D		
CLHa5	C	CLHb5	C		
CLHa6	B	CLHb6	A		
CLHa7	B	CLHb7	C		
CLHa8	B	CLHb8	C		

项目九
运输配送

一、单项选择题试题编号：CLIa1～4

CLIa1. 委托运输时，托运人办理麻醉药品和第一类精神药品运输手续，应当将运输证明副本交付（　　　）

A. 发货人　　　　B. 收货人　　　　C. 承运人　　　　D. 中间人

CLIa2. 以下哪个不是药品配送运输一般方式（　　　）

A. 分批式　　　　　　　　　　B. 联合式

C. 直送式　　　　　　　　　　D. 分送式

CLIa3. 运输药品过程中，运载工具应当保持（　　　）

A. 通风　　　　B. 阴凉　　　　C. 通电　　　　D. 密闭

CLIa4. 企业委托运输药品应当有记录，记录应当至少保存（　　　）

A. 1 年　　　　B. 3 年　　　　C. 4 年　　　　D. 5 年

二、配伍选择题试题编号：CLIb1～4

A. 公路运输　　　　　　　　　B. 铁路运输

C. 水路运输　　　　　　　　　D. 航空运输

CLIb1.（　　　）可以实现医药商品从发货人到收货人之间门对门直达运输。

CLIb2.（　　　）方式最适合运输距离长、价值高、急需的冷链药品。

A. 资质证照　　　　　　　　　B. 运输能力

C. 质量保障能力　　　　　　　D. 服务能力

CLIb3.（　　　）审计，需要查看承运商车辆的情况、硬件和软件设施、运输人员资料等情况。

CLIb4.（　　）审计，主要考核承运商在运输安全、准确、风险防范等方面的管理能力。

三、多项选择题试题编号：CLIc1～2

CLIc1. 药品配送车辆积载的原则包括（　　）

A. 上下搭配的原则　　　　　　B. 轻重搭配的原则

C. 前后搭配的原则　　　　　　D. 大小搭配的原则

E. 医药商品性质搭配原则

CLIc2. 药品装卸组织工作包括（　　）

A. 制定合理的装卸工艺方案　　B. 提高装卸作业的连续性

C. 装卸地点相对分散　　　　　D. 装卸工艺标准化

E. 装卸地点不固定

项目九运输配送标准答案

单项选择题	答案	配伍题	答案	多项选择题	答案
CLIa1	C	CLIb1	A	CLIc1	BDE
CLIa2	A	CLIb2	D	CLIc2	ABD
CLIa3	D	CLIb3	B		
CLIa4	D	CLIb4	C		

项目十
培训指导

一、单项选择题试题编号：CLJa1～2

CLJa1.药品经营企业按照培训管理制度制定年度培训计划并开展培训的目的是（　　）

A.使相关人员能正确理解并履行职责

B.符合飞行检查要求

C.保障药品质量安全

D.药品监督管理局的要求

CLJa2.从事特殊管理的药品的人员，上岗条件不包括（　　）

A.相关法律法规培训

B.专业知识培训

C.经考核合格

D.药品监管人员的现场考核

二、配伍选择题试题编号：CLJb1～5

A.岗前培训　　　　　　　　　B.继续培训

C.培训记录　　　　　　　　　D.现场培训

E.培训档案

CLJb1.药品经营企业在对各岗位人员进行培训后，应留存（　　）

CLJb2.药品经营企业在新员工入职时，应对其进行（　　）

CLJb3.药品经营企业对各岗位人员进行培训的方式有（　　）

CLJb4.药品经营企业中在岗人员应每年按照要求进行（　　）

CLJb5.药品经营企业应对各岗位人员的建立（　　）

项目十 培训指导标准答案

单项选择题	答案	配伍题	答案
CLJa1	A	CLJb1	C
CLJa2	D	CLJb2	A
		CLJb3	D
		CLJb4	B
		CLJb5	E